AI를 활용한 퍼포먼스 마케팅

구글 애널리틱스 4를 활용한 디지털 마케팅

with

챗GPT

【 이태열 저 】

오늘 배워서 바로 써먹는

실전 디지털 마케팅!

DIGITAL BOOKS
디지털북스

AI를 활용한 퍼포먼스 마케팅

구글 애널리틱스 4를
활용한 디지털 마케팅
with
챗GPT

| 만든 사람들 |

기획 IT · CG 기획부 | **진행** 정은진 · 권용준 | **집필** 이태열
표지 디자인 원은영 | **편집 디자인** 이기숙

| 책 내용 문의 |

도서 내용에 대해 궁금한 사항이 있으시면,
디지털북스 홈페이지의 게시판을 통해서 해결하실 수 있습니다.

디지털북스 홈페이지 : www.digitalbooks.co.kr
디지털북스 페이스북 : www.facebook.com/ithinkbook
디지털북스 카페 : cafe.naver.com/digitalbooks1999
디지털북스 이메일 : djibooks@naver.com
저자 이메일 : leety0830@gmail.com

| 각종 문의 |

영업관련 dji_digitalbooks@naver.com
기획관련 djibooks@naver.com
전화번호 (02) 447-3157~8

AI를 활용한 퍼포먼스 마케팅

구글 애널리틱스 4를 활용한 디지털 마케팅

with

챗GPT

디지털 마케팅은 끊임없이 변화하고 발전하는 분야이다. 이러한 변화를 따라가기 위해서는 최신 도구와 기술을 숙지하고 활용할 수 있는 능력이 필요하다. 《구글 애널리틱스 4를 활용한 디지털 마케팅 with 챗GPT》는 디지털 마케팅을 시작하려는 초심자와 Google Analytics 4(GA4)를 배우고자 하는 실무자들을 위한 안내서이다. 디지털 마케팅의 세계에 첫발을 내딛거나 이미 실무에 종사하고 있지만 GA4의 활용도를 높이고자 한다면 이 책은 여러분에게 도움이 될 것이라 기대한다.

이 책은 크게 네 가지 주요 주제를 다룬다. 첫 번째로 Google Analytics 4(GA4)의 기본 개념, 설치 방법 및 데이터 분석 방법을 상세히 설명한다. GA4는 기존의 Universal Analytics에서 한 단계 발전한 분석 도구로, 보다 정교하고 다양한 데이터 분석 도구이다. GA4의 설치부터 다양한 기능을 활용한 데이터 분석 방법까지 단계별로 설명하여 초심자도 쉽게 따라 할 수 있도록 구성하였다.

두 번째로 Google Tag Manager(GTM)의 필요성과 설치, 활용 방법에 대해 다룬다. GTM은 웹사이트와 모바일 앱에 태그를 쉽게 관리하고 업데이트할 수 있게 해주는 도구로, GA4와 함께 사용하면 더욱 강력한 데이터 분석 환경을 구축할 수 있다. 이 책에서는 GTM을 통해 GA4 태그를 설정하고 관리하는 방법을 자세히 설명한다.

세 번째로 ChatGPT와 같은 인공지능 도구를 활용하여 GA4를 어떻게 더 풍성하게 활용할 수 있는지에 대해 소개한다. 프롬프트 엔지니어링 소개를 시작으로 웹사이트 내에서 원하는 데이터를 변수화하는 방법에 대해 다룬다. 기존에 개발 언어를 알아야만 가능했던 분야를, AI를 통해 극복하는 방법을 배울 수 있다.

마지막으로 Google Ads를 활용하여 효과적인 디지털 광고 캠페인을 하기 위해 필수적으로 알아야 하는 사항들을 설명한다. Google Ads는 디지털 마케팅에서 빠질 수 없는 중요한 도구이다. 이 책에서는 Google Ads의 기본 개념부터 전환 태그 세팅, GA4 연계 활용까지 폭넓게 다룬다.

이 책을 통해 독자들은 디지털 마케팅의 다양한 도구들을 경험하고 이를 실무에서 바로 활용할 수 있는 능력을 키울 수 있다. 초심자에게는 디지털 마케팅의 기초를 다질 기회를, 실무자에게는 더욱 심도 있는 분석과 전략을 구사하는 세팅 방법을 자세히 기술하였다. 디지털 마케팅에 대한 두려움을 떨치고 새로운 도전에 대한 자신감을 얻기를 희망한다. 여러분의 성장에 작은 디딤돌이 되기를 기대하며 책을 연다.

2024년 7월
이태열(leety0830@gmail.com)

이 책의 저자인 이태열 작가는 'GA4를 활용한 온라인 광고 운영' 분야 전문가입니다. 어렵게만 여겨진 GA4를 수년간 광고대행사 AE, 기업 마케팅 담당자, 취업준비생, 정부 기관 등에 알려 왔습니다. 300여 개가 넘는 기업에 GA4 도입과 컨설팅을 하며 명실상부 업계 최고의 실무자입니다. 여기에 챗GPT라는 강력한 인공지능 솔루션을 더해 디지털 마케팅과 GA4를 고도화시킨 활용법 내놓았습니다. 시대정신의 가장 부합하는 이번 신간을 강력 추천합니다.

글링크미디어 대표이사 **임현재**

이 책은 디지털 마케팅의 최신 트렌드를 반영한 친절한 안내서다. GA4와 챗GPT를 실무에 바로 적용 할 수 있는 유용하고 상세한 정보로 초심자부터 전문가까지 쉽게 찾아 쓸 수 있게 가이드해 준다. 디지털 마케팅의 최신 도구와 기술을 익히고 싶은 모든 마케터분들께 일독을 권한다.

엠엔비 대표이사 **배민호**

태열님은 구글 애널리틱스 4와 구글애즈를 전문적으로 다룰 수 있는 최고의 전문가입니다. 이번 책에서 가장 관심있게 살펴봐야 사항은 챗GPT를 활용해서 데이터 수집을 위한 자바 스크립트 함수를 작성하거나 전환 가치를 세팅하는 부분입니다. 마케터는 아무래도 개발 지식이 부족하기 때문에 스크립트 작성을 개발팀에 요청하는 경우가 많은데 저자의 책 속에 담긴 내용만 충분히 숙지한다면 훌륭한 보조 개발자를 옆에 두고 업무를 하는 경험을 하게 될 것입니다. 저자의 충분한 실무 경험을 토대로 작성된 양질의 콘텐츠가 나왔다고 생각하며 초보 디지털 마케터나 챗GPT를 디지털 마케팅에 어떻게 접목해야 할지 감이 잡히지 않는 분들에게 추천하고 싶은 책입니다. 실무를 하면서 옆에 두고 필요할 때마다 꺼내 보시길 추천드립니다.

젤리피쉬 코리아 **김동우** 차장

인공지능 챗봇 챗GPT가 화제다. 그러나 챗GPT를 실무에 적용하는 것은 또 다른 문제일 것이다. 여기 GA4와 챗GPT를 함께 활용해 데이터 기반의 마케팅 의사결정에 도움을 주는 새로운 관점의 디지털 마케팅 가이드북이 나왔다. GA4를 처음 접하는 신입마케터부터, 비개발자로서 한 번이라도 디지털 마케팅 실무에 답답한 경험이 있었던 마케터에게 이 책을 추천한다. 그들의 실무에 챗GPT 프롬프트 엔지니어링이라는 날개를 달아 GA4를 더 스마트하게 활용하며 마케터로서 자신감을 가질 수 있길 바란다.

알라딘 커뮤니케이션 **김가현** 과장

CONTENTS

머리말 • 06

추천사 • 08

Introduction • 16

Chapter 01 　Google Analytics 4

구글 애널리틱스를 비롯한 분석툴 활용의 필요성 • 26

무료 • 28

풍부한 정보 • 29

타 구글 마케팅 툴과의 높은 연동성 • 30

구글 애널리틱스 4의 구조 • 33

계정 • 33

속성 • 34

데이터 스트림 • 34

구글 애널리틱스 4의 특징 • 36

이벤트 기반 추적 방식으로의 데이터 수집 방법 변경 • 36

유연해진 데이터 변경 • 37

유연해진 보고서 • 38

구글 애널리틱스 4 필수 용어 • 39

보고서의 형태를 볼 때 알아야 하는 용어 • 39

보고서의 내용을 볼 때 알아야 하는 용어 • 41

구글 애널리틱스 4 데모 계정 • 49

구글 애널리틱스 4 보고서 : 기본 구조 • 53

컬렉션 • 54

주제 • 54

개요 보고서 • 54

세부정보 보고서 • 55

구글 애널리틱스 4 보고서 : 실시간 보고서 · 56

구글 애널리틱스 4 보고서 : 기본 보고서의 구조 · 60

구글 애널리틱스 4 보고서 : 기본 보고서
'Life Cycle' 컬렉션 · 66

획득 · 66

참여도 · 70

수익 창출 · 75

구글 애널리틱스 4 보고서 :
기본 보고서 사용자 컬렉션 · 80

사용자 속성 · 80

기술 · 81

구글 애널리틱스 4 보고서 : 탐색 분석의 구조 · 83

구글 애널리틱스 4 보고서 :
탐색 분석 보고서 세팅하기 1 · 86

자유형식 · 86

동질 집단 탐색 분석 · 92

유입경로 탐색 분석 · 97

구글 애널리틱스 4 보고서 :
탐색 분석 보고서 세팅하기 2 · 104

세그먼트 중복 분석 · 104

경로 탐색 분석 · 113

사용자 전체 기간 · 119

구글 애널리틱스 4 설치 방법 · 122

구글 애널리틱스 4 설치 점검 방법 · 131

GA 실시간 보고서를 통한 확인 방법 · 131

외부 툴을 이용하여 태그를 확인하는 방법 · 133

CONTENTS

Chapter 02 **Google Tag Manager**

구글 태그 매니저의 필요성 • 142

커뮤니케이션 비용 절감을 통한 업무 효율성 상승 • 143

자체 태그 작업을 통한 퍼포먼스 캠페인 진행 • 143

구글 태그 매니저 구조의 이해 • 145

계정 • 145

컨테이너(Container) • 145

태그(Tag) • 146

트리거 (Trigger) • 146

변수(Variable) • 147

구글 태그 매니저 설치를 위한 웹사이트
플랫폼 안내 • 149

티스토리 • 149

Cafe24 • 149

구글 태그 매니저 설치 • 151

구글 태그 매니저를 활용한 태그 설치
: GA4 추적 코드 • 158

구글 태그 매니저를 활용한 태그 설치
: GA4 이벤트 태그 • 167

이벤트 태그 생성 • 167

트리거 생성 • 169

GA 디버그 뷰를 통한 이벤트 태그 디버깅 • 181

Chapter 03 ChatGPT

ChatGPT를 비롯한 생성형 AI란? • 186

ChatGPT의 디지털 마케팅 활용 분야 • 188
텍스트 콘텐츠 및 카피라이팅 • 188
데이터 분석 • 189
코드 스크립트 작성 • 190
디자인 소스 및 시안 생성 • 191
API 연동을 통한 고객 상호작용 • 192

ChatGPT 사용을 위한 프롬프트
엔지니어링의 중요성 • 193
정확한 응답 생성 • 193
검색 효율성 향상 • 193
AI 모델의 한계 최소화 • 194

ChatGPT를 활용한
이벤트 매개변수 생성 및 적용 : 일반 데이터 • 200

ChatGPT를 활용한
이벤트 매개변수 생성 및 적용 : 배열 데이터 • 212

데이터레이어 이벤트 생성 • 220

데이터레이어를 활용한 GA4 전자상거래 이벤트
생성 원리 • 230

CONTENTS

Chapter 04　**Google Ads**

구글애즈란? • 238

구글애즈의 구조 • 241
캠페인(Campaign) • 241
광고 그룹(Ad Group) • 242
광고(Ad) • 242

구글애즈 세팅의 첫걸음 '목표 설정' • 243
판매(Sales) • 244
리드(Leads) • 244
웹사이트 트래픽(Website Traffic) • 244
앱 프로모션(App Promotion) • 244
인지도 및 구매 고려도(Awareness and Reach) • 244
오프라인 매장 방문 및 프로모션
(Local Store Visits and Promotions) • 245
목표 설정 없이 캠페인 만들기
(Create a Campaign without a Goal's Guidance) • 245

구글애즈 광고 종류 • 246
검색 광고(Search Ads) • 246
디스플레이 광고(Display Ads) • 247
쇼핑 광고(Shopping Ads) • 248
동영상 광고(Video Ads) • 248
앱 캠페인(App Campaigns) • 249
스마트 캠페인(Smart Campaigns) • 250
디맨드 젠 캠페인(Demand Gen Campaigns) • 250
퍼포먼스 맥스 캠페인(Performance Max Campaigns) • 251

구글애즈의 타겟팅 • 253
사용자 기반 타겟팅 • 253
콘텐츠 기반 타겟팅 • 259

기타 타겟팅 • 262

구글애즈 계정 생성 방법 • 265

GTM을 활용한 전환 태그 세팅 • 268

목표 및 액션 최적화 • 270

전환 이름 • 271

값 • 271

횟수 • 272

기여 기간 • 272

전환 태그 초기화 작업 • 275

전환 링커 태그 작업 • 277

ChatGPT를 활용해 전환 가치 세팅 • 279

GA4와 연동하여 나만의 리마케팅 세팅 • 286

GA4와 구글애즈 연결 • 286

GA4에서 잠재고객 생성하기 • 289

GA4 잠재고객을 구글애즈에서 타겟팅으로 활용하기 • 291

마치며 • 295

찾아보기 • 296

데이터 기반 의사결정

'데이터'라는 단어는 전 세계의 모든 산업 분야에서 주목받는 키워드 중 하나이다. 이 글을 읽는 독자분들 또한 '데이터'를 들어보지 못한 사람은 당연히 없을 것이다. 온라인을 통해 비즈니스를 진행한 경험이 있다면 어떤 방식이든 데이터를 활용하여 인사이트를 얻은 경우들은 한두 번씩은 있다. 예를 들어 인터넷에서 어떤 물건을 구매할 때 해당 제품의 후기를 보면서 이 물건을 살지 말지 최종적으로 결정하는 경우나, SNS에서 어떤 게시물이 평소보다 많은 '좋아요'를 받는지를 확인해 본 경험들 말이다. 이와 같이 데이터라는 것은 인터넷이 발달하고 전 국민에게 보편화되면서 나도 모르게 이미 자연스럽게 활용하고 있는 경우가 생각보다 많다. 2024년 7월 현재 대한민국에서 데이터라는 것은 이미 우리 삶 속에 이미 깊이 자리하고 있다고 해도 과언이 아닐 것이다.

많은 기업 입장에서 삶 속에 깊이 스며들어 있는 이러한 데이터를 비즈니스에 이용하려는 움직임이 생긴 것도 어찌 보면 당연한 수순이었을 것이다. 이 중 개인화 데이터를 본격적으로 비즈니스에 활용하기 시작한 것은 스마트폰이 본격적으로 보급되기 시작한 2009년쯤부터이다. 스마트폰 디바이스가 보급되고 이 스마트폰으로 디지털 플랫폼을 이용하면서 다양한 종류의 개인화 데이터가 발생하고 축적되기 시작하였다. 광고 및 마케팅 업계에서는 이러한 개인화된 디지털 데이터를 적극적으로 활용하였다.

구글, 아마존, MS와 같은 거대 IT 기업들은 본인들의 서비스를 사용하는 사용자들의 데이터를 기반으로 한 다양한 광고 상품을 개발하였다. 그들이 만든 플랫폼을 이용하고 있는 사용자들을 대상으로 광고를 노출함으로써 플랫폼에서 내 광고가 몇 번이 노출되었고, 몇 번이 클릭이 되었는지 등의 데이터가 명확히 보여 지게 되었다. 이는 각 플랫폼에서 송출되는 광고의 성과가 수치로 표현되면서 효율을 보다 객관적으로 판단할 수 있게 되었다.

또한 거대 IT 기업들은 플랫폼을 이용하는 사용자들의 다양한 움직임을 패턴(Pattern)화시키고 각 패턴의 의미에 맞는 이름을 붙여 많은 패턴들을 각자의 기준에 맞춰 분류하기 시작했다. IT 기업들은 본인들이 분류한 사용자들의 패턴을 대상으로 광고 노출 여부를 선택할 수 있는 옵션을 만들었다. 이로써 광고주 입장에서 특정 패턴을 발생시킨 사용자들에게만 광고가 노출될 수 있도록 하는 기술을 개발하여 광고 상품에 서비스화하였는데 이 기술은 '타겟팅'이라고 불렀다.

광고 영역만이 아니라 디지털 마케팅의 다양한 영역에서도 마케팅 성과를 수치화하기 위한 다양한 프로젝트들이 진행되고 있다. 대표적인 사례는 인플루언서(Influencer) 마케팅 영역을 들 수 있다. 인스타그램이나 유튜브에서 많은 팬들을 보유하고 있는 인플루언서를 섭외하여 마케팅을 진행할 예정이라고 가정해 보자. 마케터 입장에서는 어떤 인플루언서가 우리 회사나 브랜드에 적합할지, 섭외를 고려하는 이 인플루언서의 채널에서 사용자 참여도가 높은지, 참여가 발생한다면 정량적으로 어느 정도 참여가 발생하는지 등을 알고 싶을 것이다. 어느 기업이나 마케팅에 활용할 수 있는 예산은 제한이 되어 있기 때문이다. 인플루언서 마케팅은 제한된 예산 내에서 가장 적합한 인플루언서를 찾는 것이 핵심 업무 중 하나이다. 그렇기에 마케터 입장에서는 섭외에 신중을 기할 수밖에 없다. 몇몇 IT 기업들은 이런 소비자들의 니즈를 파악하고 인플루언서의 영향력을 수치화해서 시각화해주는 플랫폼들을 개발하였고 많은 마케터가 활용하고 있다. 이러한 플랫폼의 발전은 마케팅 성과 수치화에 대한 니즈 해결을 위한 신규 비즈니스로 볼 수 있다.

▲ 인플루언서 채널 분석 플랫폼 예시 화면 / 출처 : 녹스 인플루언서

수치화 데이터는 이커머스 업종에서도 중요하게 사용된다. 온라인에서 상품을 판매하는 많은 이커머스 업체에서는 포털사이트에서 제공하는 키워드 데이터를 활용하여 매출 성과 개선에 대한 힌트를 얻기도 한다. 한 예로 네이버는 '네이버 데이터랩(Naver Data Lab)'이라는 네이버에서 발생한 키워드별 검색량 추이를 무료로 조회할 수 있는 서비스를 제공한다. 여기서 제공하는 다양한 정보 중 '쇼핑 인사이트'라는 메뉴에 접속하면 분야별 검색량 추이를 확인할 수 있다. 검색 추이를 살펴보면 분야별로 다른 행동 패턴이 보이는 경우가 있다. 한 예로 '화장품/미용' 분야와 '패션의류' 분야의 일별 검색 추이를 비교해 보면 검색 패턴이 조금 다르다. '화장품/미용' 분야 관련 키워드에 대해서는 사용자들

이 주로 '월요일'에 가장 많은 검색을 한다. 하지만 '패션의류' 분야의 키워드는 '일요일'에 가장 많은 검색을 한다.

▲ 네이버 데이터랩 내 '화장품/미용', '패션의류' 분야별 검색량 추이

만약 화장품, 패션의류 이렇게 각 분야에 종사하는 두 담당자가 있다고 할 때, 큰 프로모션 행사를 진행해야 한다면 어떻게 해야 할까? 위 데이터를 기반으로 판단한다고 했을 때 화장품과 같은 뷰티 분야 담당자는 '월요일'에, 패션 분야 담당자는 '일요일'에 가장 많은 힘을 주어야 같은 리소스를 투입하더라도 더 높은 판매가 발생할 확률이 높을 것이다. 물론 업체마다 자체적으로 보유한 내부 데이터가 있다면 자체 데이터를 1순위로 판단해야 하지만, 아직 그 정도의 데이터를 구축하지 못한 업체들 같은 경우에는 이렇게 포털사이트에서 제공하는 소비자 행동 패턴을 전략 수립에 참고 데이터로 활용할 수 있다.

'데이터 기반 의사결정(Data Driven Decision Making)'이라는 말이 있다. 이는 말 그대로 데이터 기반으로 의사결정하는 방식을 일컫는다. 글로벌 컨설팅 기업인 맥킨지(McKinsey)가 발행한 칼럼*에서는 데이터 기반으로 사고하고 행동하는 조직은 그렇지 않은 조직에 비해 고객 유입 가능성이 23배, 고객 전환 가능성이 6배, 수익 창출 가능성이 19배 높다고 언급했다. 여러 가지 이유가 있겠지만 데이터를 기반으로 의사결정을 하게 되면 우선 데이터라는 '팩트(Fact)'를 기반으로 의사결정을 하게 된다는 장점이 있고, 데이터를 발생시키는 주체인 '소비자'를 중심으로 생각을 할 수 있기에 긍정적인 효과가 나타났을 것이라고 예상해 본다.

데이터 기반 의사결정이 중요한 이유를 정리해 보면 '1. 데이터를 수단으로 보다 객관적인 시각으로 현상을 바라볼 수 있다는 점'과 '2. 내 입장이 아닌 타겟으로 하는 상대방의 입장에서 문제에 접근할 수 있다는 점' 이 두 가지가 성과를 개선하는 핵심이다.

---

*   맥킨지 칼럼 출처 URL : https://www.mckinsey.com/capabilities/growth-marketing-and-sales/our-insights/five-facts-how-customer-analytics-boosts-corporate-performance

모든 분야에서 데이터를 기반으로 의사결정할 수는 없다. 정성적인 의사결정도 분명히 필요하다. 하지만 '데이터 기반 의사결정'을 적용할 수 있는 범위를 규정하고, 그 범위 안에서만큼은 정량적인 수치를 기반으로 현상을 바라보는 연습을 해보자. 그러면 본인이 갖고 있던 편견에서 벗어나는 데 도움이 된다. 이러한 의사결정 방법은 꼭 업무 영역이 아니더라도 우리가 살아가는 데 있어 상황에 대해 객관적으로 판단할 수 있게 해준다.

디지털 마케팅의 효율 개선 과정

데이터는 조직의 범위만이 아니라 개인의 차원에서도 객관적이고 합리적인 의사결정을 하는 데 도움을 줄 수 있다. 디지털 마케팅이나 광고 업계에는 데이터를 업무에 적극적으로 활용하는 분야 중 하나이다. 주로 온라인상에서 산업이 운영되다 보니 업무 대부분의 분야에서 다양한 수치가 보이기 때문이다. 그러다 보니 이 업종에 종사하는 디지털 마케터들은 디지털 광고를 효율적으로 운영하는 데 있어 이러한 수치를 어떻게 활용할 수 있을지에 대해 고민이 많을 수밖에 없다. 필자도 프로젝트를 하는 데 있어 늘 이런 고민을 달고 산다. 이번 섹션에서는 보편적인 측면에서의 디지털 마케팅 효율 개선 과정에 관해 이야기해 보고자 한다.

디지털 마케팅에서 성과 개선의 핵심은 '맞는 부분을 찾아가는 것'이라고 정의할 수 있다. 여기서 '맞는 부분'은 여러 가지로 규정이 될 수 있다. '콘텐츠'와 같이 내가 전달하고자 하는 메시지의 표현 방식이 될 수도 있고, '타겟팅'과 같이 내가 노리는 잠재 소비자층이 될 수도, '매체', '광고 상품'과 같은 마케팅 메시지를 송출하는 방법이 될 수도 있다. 그럼 '맞는 부분'은 어떻게 찾을 수 있을까? 내가 소비자 입장이 되었다고 생각하고 고민해 보자. 각자가 '어떤 광고 콘텐츠' 혹은 '어떤 매체'에서 더 높은 주목을 하는지 미리 알 수 있을까? 스스로 되뇌어 봐도 이러한 질문에 대해 답을 하기는 쉽지 않다.

하지만, 이 부분을 알 수 있는 방법은 있다. 직접 경험을 해보는 것이다. 내가 어떤 것을 좋아하는지 알려면 그것을 직접 해봐야 알 수 있다. 마케터 입장으로 돌아가서 내가 판매하고자 하는 상품이나 서비스도 어떤 방식이 맞는지 직접 해보기 전에는 알 수 없다. 레퍼런스는 참고할 수 있지만 이게 내게도 100% 적용된다고 확언할 수 없다.

예를 들어 이번에 새롭게 런칭한 브랜드의 운동화를 마케팅해야 하는 상황이라고 가정해 보자. 마케팅을 할 때 나이키나 아디다스와 같은 이미 인지도가 단단히 군혀진 브랜드의 마케팅 방식을 그대로 벤치마킹하여 구현한다고 하였을 때, 과연 성과도 동일하게 발생할 수 있을까? 그렇지 않을 확률이 매우 높다. 운동화라는 카테고리는 같지만, 그 운동화를 둘러싸고 있는 브랜드 인지도, 가격, 유통 방식, 오프라인 매장과의 연계성, 디자인 등 그 제품과 제품을 둘러싼 외부 환경 변수가 다르기 때문이다. 그렇기 때문에 다른 업체의 성공 방식을 그대로 차용하는 것은 '맞는 부분'을 찾아가는 과정에 참고가 될 수는 있다. 하지만 저 기업도 이 방법으로 성공했으니 나도 동일하게 하면 성공하겠지 라는 생각으로 진행한다면 예상과 다른 결과를 맞이할 가능성이 크다.

경쟁사나 업계 탑 기업이 사용하는 전략을 동일하게 진행해서 성공하면 아무런 문제가 되지 않는다. 하지만 진행했는데 결과가 예상만큼 나오지 않으면 문제가 된다. 마케터는 예상과 다른 결과를 맞이했을 경우 어떻게 인사이트를 도출할 수 있을지 미리 고민을 해야 한다. 그럼 어떤 부분의 고민이 필요할까? 내가 인사이트를 찾을 수 있는 요소를 정의하는 것이 중요하다. 이 과정이 선행되어야 결과 여부를 떠나 '맞는 부분'을 찾아갈 수 있다. 그럼 어떤 부분이 정의되어 있어야 할까? 필자는 크게 2가지가 필요하다고 생각한다. 이제부터 하나씩 알아보자.

1. 효과를 대변하는 지표 정의

마케팅해야 하는 제품이나 서비스가 있다면, 디지털 마케팅 툴에서 제공하는 다양한 지표 중 어떤 수치를 '효과'로 삼을지에 대해 정의해야 한다. 디지털 광고 영역에서 생각해 보자. 광고를 진행한다고 가정했을 때 선정할 수 있는 대표적인 지표는 '노출, 클릭, 조회, 전환' 4가지이다. 어떤 기업이든 마케팅에 사용할 수 있는 예산은 제한적이다. 제한된 예산으로 어떤 지표를 극대화하는 것이 좋을지에 대해 우선순위가 정해져 있어야 한다.

구매, 구독, 회원가입과 같은 '전환'을 지표로 삼는 경우가 많다. 전환이 이미 충분히 발생하고 있는 기업들에게는 맞는 방법이다. 하지만 아직 전환이 충분히 발생하고 있지 않는 신규 제품의 경우 초반부터 '전환'을 디지털 광고에서의 목표로 잡으면 오히려 성과가 개선되지 못하는 경우도 있다.

전환 최적화 광고의 경우 전환을 발생시킨 사용자들의 특성을 분석하여 이들과 유사한 행동 패턴을 보이는 사용자에게 광고를 노출시키는 구조로 움직인다. 그런데 전환이 충분히 발생하지 않은 상태에서 무조건 전환 최적화 목적 광고만 운영한다면, 머신러닝 입장에서 분석하는 모수 자체가 적기 때문에 전환을 일으킨 사용자들의 특성을 파악하기 어려워진다. 그러면 결국 전환 최적화라고는 하지만 실제로는 전환할 것 같지 않은 사용자에게도 광고가 노출될 수 있다.

그러면 대안이 무엇일까? '지금 단계에서 중요한 지표'를 정의하는 것이 중요하다. 누구에게나 궁극적으로 전환이 중요하다. 하지만 그 전환을 상승시키기 위해서 지금 시점에 중요한 지표는 다를 수 있다. 예를 들어 초반에는 '광고 메시지에 대한 반응률'을 먼저 실험한다. 이를 통해 어떤 메시지가 소비자를 설득에 효과적이었는지 확인할 수 있다. 그리고 '어떤 랜딩 페이지로 사용자를 떨어뜨렸을 때 사용자들이 더 많이 체류했는지', '어떤 매체를 통해 유입한 사용자가 더 높은 반응을 보였는지'와 같은 데이터를 얻을 수도 있다. 내가 지금, 이 순간에 얻을 수 있는 데이터를 설계하는 것이 중요하다. 그래야 다음 단계를 고민하는 데 있어 해당 데이터를 활용할 수 있다.

소비자 입장에서 잘 알지 못하는 제품이나 서비스를 온라인의 광고 영역에서 마주하였을 때 곧바로 구매하는 경우는 드물다. 소비자들에게 주어야 하는 중요한 포인트는 그들이 지불하는 돈보다 구매하고자 하는 상품의 가치가 더 높다는 인식을 심어 주어야 한다. 돈 대비 제품의 가치가 높다는 것이 설득되어야 소비자들은 내 제품이나 서비스를 구입하기 위해 기꺼이 지갑을 연다.

2. A/B 테스트의 요소 정의

A/B 테스트는 두 가지 요소를 비교하여 더 높은 반응을 보이는 버전을 확인하는 테스트를 말한다. 분할 테스트 또는 버킷 테스트라고도 한다. A/B 테스트에서 중요한 요소는 내가 테스트하고자 하는 요소만을 변수로 두고 그 외의 요소들은 동일한 조건으로 두어야 한다는 것이다. 예를 들어 광고 메시지를 반응도 테스트를 위해 A 버전 B 버전을 만들었다고 생각해 보자. 그런데 A 버전 소재는 네이버로 송출하고, B 버전 소재는 카카오로 송출한다면 두 소재 간 효율의 차이가 났다고 하더라도 A 소재가 더 효과가 좋았는지 B가 더 효과가 있었는지에 대해 판단하기가 어렵다. 이게 소재 때문에 효율 차이가 난 것인지, 플랫폼 차이 때문에 효율 차이가 난 것인지 명확히 알 수 없기 때문이다. 그렇기 때문에 내가 광고 메시지를 테스트하겠다고 하면 메시지 외에 나머지는 동일한 조건으로 두어야 하고, 매체별로의 효과를 테스트하겠다고 하면 매체 외에 나머지는 최대한 동일한 조건으로 세팅해야 한다.

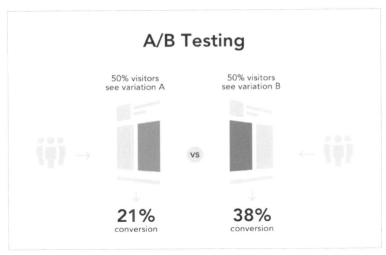

▲ A/B 테스트의 개념 / 출처 : splitmetrics.com

    요소를 정하고 실험을 진행하였다고 하면 그다음에는 무엇을 해야 할까? 데이터를 기반으로 집중해야 할 요소를 선택하고 그 요소를 발전시키면 된다. 예를 들어보자. 만약 광고 메시지에 대해 테스트했는데 A 메시지보다 B 메시지가 더 효과가 있었다는 결론이 나왔다. 그러면 더 이상 A 메시지를 군이 노출할 필요가 없다. B 메시지에 집중해서 마케팅을 진행하면 된다. 그렇다고 B 메시지만 오랜 기간 노출하는 것도 위험하다. 소비자 입장에서 언젠가 B 메시지도 식상해질 것이기 때문이다. 그래서 마케터는 B 메시지가 아직 반응률이 있을 때 B 소재를 발전시킨 B-1, B-2를 만들어서 B, B-1, B-2 이 3개를 다시 테스트해야 한다. 이런 식으로 반응률이 좋은 요소를 찾고 이를 기반으로 유사한 다른 요소들을 만들어서 또다시 테스트하는 것을 계속해서 반복해야 한다.

    소재 부분으로 예를 들어 설명하였는데, 여기서 언급한 '발전'이란 소재의 표현 방식을 말한다. 예를 들어 단일 이미지 형식을 활용하여 B라는 메시지를 전달하였다면, 이번에는 동영상으로 B라는 메시지를 표현하거나, 아예 다른 느낌이 나는 이미지를 활용하여 B 메시지를 전달하는 방식이다.

    타겟팅 부분에서도 유사한 형태로 상대적 고효율의 사용자그룹을 파악할 수 있다. 구글에 디지털 광고를 송출한다고 가정해 보자. 여기서 우선 20~40대 남녀에게 광고를 송출한다. 매체별로 조금씩 차이가 있긴 하지만, 광고를 송출하고 나면 성별, 연령별로 어떤 그룹에서 상대적으로 높은 반응이 있었는지를 확인할 수 있다. 해당 데이터를 바탕으로 상대적 반응도가 높은 연령층에 집중해서 다음 광고를 송출하면 이전 대비 더 높은 성과를 기대할 수 있다.

▲ 구글애즈 내 연령별 성과 분석 예시

　　디지털 마케팅에서 성과를 개선하기 위해서는 내가 광고하고자 하는 제품이나 서비스에 '맞는 부분'을 찾아가는 과정이 필요하다. '맞는 부분'을 찾기 위해서는 '맞다'라는 것을 어떤 지표로 정의해야 할지에 대한 고민이 필요하다. 그리고 해당 지표를 개선하는 데 있어 효과적인 소재, 타겟팅, 매체 등을 지속적으로 실험하면서 맞지 않는 부분을 깎아 내는 과정이 필요하다.

　　효과 개선에 있어 왕도(王道)는 없다고 생각한다. 하지만 정도(正道)는 있다고 본다. 나에게 맞는 목표 지표를 설정하고 꾸준한 A/B 테스트를 통해 성과를 개선해 나가야 한다. 다음 챕터에서는 본격적으로 구글 애널리틱스(Google Analytics)라는 데이터 분석 툴에 대해 다룰 것이다. 구글 애널리틱스와 같은 분석 툴을 활용하면 마케팅 성과 개선 방향성에 대해 많은 힌트를 얻을 수 있다. 어떤 방식으로 힌트를 얻어갈 수 있을지 GA의 개념부터 활용 방법까지 차근차근 알아보도록 하자.

Chapter 01

Google Analytics 4

- 구글 애널리틱스를 비롯한 분석툴 활용의 필요성
- 구글 애널리틱스의 구조
- 구글 애널리틱스 4의 특징
- 구글 애널리틱스 4 필수 용어
- 구글 애널리틱스 4 데모 계정
- 구글 애널리틱스 4 보고서 : 기본 구조
- 구글 애널리틱스 4 보고서 : 실시간 보고서
- 구글 애널리틱스 4 보고서 : 기본 보고서의 구조
- 구글 애널리틱스 4 보고서 : 기본 보고서 Life Cycle 컬렉션
- 구글 애널리틱스 4 보고서 : 기본 보고서 User 컬렉션
- 구글 애널리틱스 4 보고서 : 탐색 분석의 구조
- 구글 애널리틱스 4 보고서 : 탐색 분석 보고서 세팅하기 1
- 구글 애널리틱스 4 보고서 : 탐색 분석 보고서 세팅하기 2
- 구글 애널리틱스 4 설치 방법
- 구글 애널리틱스 4 설치 점검 방법

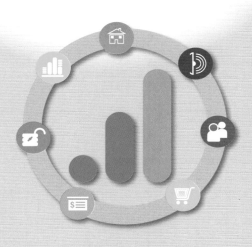

구글 애널리틱스를 비롯한 분석툴 활용의 필요성

　글로벌 시가총액 TOP10 기업 순위를 살펴보자. 상위 10개 중 플랫폼을 보유하고 있는 기업의 비중은 무려 50%이다. 아래 이미지를 보면 윈도우, 빙, 엣지, 링크드인을 보유한 마이크로소프트, iOS 생태계를 만든 애플, 전 세계 최대 쇼핑 플랫폼 아마존, 안드로이드, 유튜브를 소유하고 있는 구글의 모회사인 알파벳, 인스타그램을 보유하고 있는 메타 순으로 높은 시가 총액을 기록하고 있다.

　그 외 다른 분야의 기업들은 반도체 제조 기업, AI 관련 기업, 제약회사, 에너지 등 산업의 대표 기업이 하나씩 포진해 있는 형국이다. 현재 잘나가는 기업의 리스트만 보아도 우리는 플랫폼의 그물 안에서 생활하고 있다는 것을 알 수 있다.

심볼 100			나라	거래소	↓ 시가총액	가격	변화 %	거래량
	MSFT	Microsoft Corporation		NASDAQ	3.094 T USD	416.42 USD	-2.07%	45.08 M
	AAPL	Apple Inc.		NASDAQ	2.666 T USD	172.62 USD	-0.22%	121.753 M
	NVDA	NVIDIA Corporation		NASDAQ	2.196 T USD	878.37 USD	-0.12%	64.207 M
	2222	SAUDI ARABIAN OIL CO.		TADAWUL	2.013 T USD	31.25 SAR	-2.50%	21.219 M
	AMZN	Amazon.com, Inc.		NASDAQ	1.812 T USD	174.42 USD	-2.42%	72.147 M
	GOOG	Alphabet Inc.		NASDAQ	1.761 T USD	142.17 USD	-1.50%	41.039 M
	META	Meta Platforms, Inc.		NASDAQ	1.234 T USD	484.10 USD	-1.57%	29.153 M
	BRK.A	Berkshire Hathaway Inc.		NYSE	884.249 B USD	618133.66 USD	+0.92%	13.505 K
	LLY	Eli Lilly and Company		NYSE	717.039 B USD	754.17 USD	-0.86%	3.73 M
	2330	TAIWAN SEMICONDUCTOR M...		TWSE	618.154 B USD	753 TWD	-3.95%	75.645 M

▲ 글로벌 시가총액 Top10 기업 순위(24.03.16 기준) / 출처 : TradingView

플랫폼 및 플랫폼과 연계된 앱이나 웹에서 사용자가 활동을 하게 되면 그 활동이 데이터화되어 해당 플랫폼을 소유한 IT 기업 서버에 저장된다. 그리고 그 데이터를 보유하게 된 기업들은 이를 활용하여 다양한 비즈니스를 펼친다. 그중 대표적인 비즈니스가 광고 상품 개발이다. 우리가 인지하고 있는 대부분의 플랫폼은 본인들의 자체 광고 상품을 보유하고 있다. 검색 엔진만 생각해 보더라도 구글, 네이버, 다음, 심지어 빙(Bing)에서도 검색만 하면 최상단에 그들이 보유한 광고 지면이 보인다.

마케팅 에이전시 Criterion.B의 대표이자 포브스 위원회 소속 전 위원인 존 심슨(Jon Simpson)이 포브스에 기재한 칼럼에 따르면, 일반적으로 한 사람에게 노출되는 광고(메시지)의 수는 3,000~10,000개 사이라고 한다. 이러한 시대에서 내가 만약 어떤 제품에 대해 광고를 해야 한다고 생각해 보자. 나의 예산은 제한이 있는데 활용할 수 있는 광고의 영역은 너무 많다. 디지털 광고로 한정시켜도 종류가 많은 것은 매한가지다.

이런 경우에 구글 애널리틱스와 같은 분석 툴을 활용하면 나에게 맞는 매체 선정에 도움이 되는 정보를 얻을 수 있다. 그뿐만 아니다. 우리 사이트에 유입하였거나 구매하는 사용자들에 대한 정보를 분석 툴의 기준으로 어느 정도 그 특징을 파악할 수 있다. 즉, 분석 툴을 활용하면 광고의 영역에서도 어떤 매체 혹은 어떤 메시지를 통해 들어온 사용자가 더 결이 맞는지 판단할 수 있고, 내가 운영하는 웹사이트나 앱에 유입되는 사용자들의 행동 정보를 얻을 수 있다.

많은 종류의 분석 툴이 있다. 우리가 배울 구글 애널리틱스 외에도 앰플리튜드, 믹스패널 등 유의미한 데이터를 볼 수 있는 툴이 이미 많이 출시되어 있다. 이 툴들을 모두 활용하면 좋다. 하지만 익숙하지 않은 툴을 한 번에 많이 사용하는 것은 현실적으로 쉽지 않다. 그래서 필자는 분석 툴 사용 방법을 처음 배울 때 구글 애널리틱스를 먼저 사용해 보고 다음 스텝으로 다른 툴들도 활용해 보라고 이야기한다. 그럼 왜 많은 분석 툴 중에 우리가 배울 구글 애널리틱스를 먼저 사용하라고 하는지 3가지로 정리해 보겠다.

무료

구글 애널리틱스의 가장 큰 장점은 '무료'라는 것이다. 물론 '360 버전'으로 불리는 유료 버전도 있다. 이 분석 툴을 중심으로 다양한 데이터 인사이트를 도출해야 하는 상황이라면 유료 툴을 사용하는 것이 더 현명한 선택이 될 수 있다. 유료 버전은 무료 버전 대비 더 많은 데이터 수집, 보고, 보관에 대해 더 높은 한도를 제공하기 때문이다. 무료 버전과 유료 버전의 자세한 차이는 아래 이미지를 참고하자.

기능	Google 애널리틱스 4 속성(표준)	애널리틱스 360의 Google 애널리틱스 4 속성
이벤트 매개변수	이벤트당 25개	이벤트당 100개
사용자 속성 수	속성당 25개	속성당 100개
이벤트 범위 맞춤 측정기준 및 측정항목	속성당 이벤트 범위 맞춤 측정기준 50개 속성당 이벤트 범위 맞춤 측정항목 50개	속성당 이벤트 범위 맞춤 측정기준 125개 속성당 이벤트 범위 맞춤 측정항목 125개
상품 범위 맞춤 측정기준	속성당 10개	속성당 25개
이벤트 매개변수 값의 길이	100자(영문 기준)	500자(영문 기준)
주요 이벤트 ☑	30	50건
잠재고객	100명	400명
탐색 분석	속성당 사용자별로 200개 생성 속성당 500개 공유	속성당 사용자별로 200개 생성 속성당 1,000개 공유
샘플링 한도 살펴보기	쿼리당 이벤트 1,000만 개	쿼리당 이벤트 10억 개
전체 데이터 탐색 분석	사용할 수 없음	샘플링되지 않은 결과: 속성당 일일 최대 150억 개의 이벤트
API 할당량 대부분의 요청에서는 10개 미만의 토큰을 사용합니다.	토큰 200,000개/일	토큰 2백만 개/일
데이터 보관	최대 14개월 옵션: 2, 14개월 L 및 XL 속성은 2개월로 제한됩니다.	최대 50개월 옵션: 2, 14, 26, 38, 50개월 XL 속성: 2개월
BigQuery Export	일일 내보내기: 이벤트 100만 개 스트리밍 내보내기: 무제한	일일 내보내기: 이벤트 수십억 개 스트리밍 내보내기: 무제한
고유한 이름이 지정된 이벤트 웹 데이터 스트림의 경우, 고유하게 이름이 지정된 이벤트의 수에는 제한이 없습니다.	앱 사용자당 하루 500개 (앱 데이터 스트림의 경우) 서로 다른 앱 인스턴스의 사용자가 서로 다른 이벤트를 트리거하면 고유한 이름이 지정된 이벤트가 500개 이상 표시될 수 있습니다. 자동 수집 이벤트 및 향상된 측정 이벤트는 한도에 포함되지 않습니다.	앱 사용자당 하루 2,000개 (앱 데이터 스트림의 경우) 서로 다른 앱 인스턴스의 사용자가 서로 다른 이벤트를 트리거하면 고유한 이름이 지정된 이벤트가 500개 이상 표시될 수 있습니다. 자동 수집 이벤트 및 향상된 측정 이벤트는 한도에 포함되지 않습니다.
데이터 가져오기	수동 업로드: 속성당 일일 업로드 120회 스토리지 한도: 속성당 10GB	수동 업로드: 속성당 일일 업로드 120회 스토리지 한도: 속성당 1TB

▲ 구글 애널리틱스4 무료 버전 vs 유료 버전 차이
출처 : https://support.google.com/analytics/answer/11202874

하지만 디지털 마케터 입장에서 수치를 기반으로 한 방향성을 얻고자 분석 툴을 사용하는 것이라면 무료 버전을 활용해도 충분하다. 무료 버전 자체도 이미 기본적인 분석에 있어서 강력한 기능을 제공하고 있기 때문이다. 구글 애널리틱스 관련 커뮤니티만 참고하더라도 전 세계 대부분의 구글 애널리틱스 이용자들은 무료 버전을 활용하면서도 다양한 인사이트를 얻고 있다는 것을 알 수 있다.

풍부한 정보

구글 애널리틱스는 무료 버전에서도 강력한 분석 기능을 제공한다. 그러다 보니 전세계 많은 사용자들이 GA4를 이용하고 있다. 많은 사람들이 사용하다 보니 자연스럽게 관련 정보도 많아졌다. 구글에 '구글 애널리틱스, GA4'와 같은 키워드로 검색하여 다른 사람들이 공유해 놓은 정보들을 쉽게 얻을 수 있다. 그리고 구글 애널리틱스 툴을 전문적으로 다루는 소위 그루(Guru) 역할을 하는 사람들이 있다. 이들은 구글 애널리틱스에 대한 정보를 수시로 본인의 블로그나 링크드인(Linkedin) 등에 업로드한다. 여러분이 링크드인을 활용한다면 이러한 그룹이나 개인들을 팔로우하는 것을 추천한다. 구글 애널리틱스에서 무언가 업데이트가 되거나 새로운 기능이 생기면 이들의 피드를 보며 손쉽게 변화되는 상황을 인지할 수 있다.

▲ 링크드인에서 쉽게 확인할 수 있는 구글 애널리틱스 관련 게시물

참고로 이들이 올리는 피드는 주로 영어로 되어 있다. 링크드인의 경우 각 게시물 한쪽에 쓰어 있는 '번역 보기' 텍스트를 클릭하자. 그러면 빠르게 한글로 내용 파악이 가능하다.

타 구글 마케팅 툴과의 높은 연동성

구글 애널리틱스는 구글에서 소유하고 있는 플랫폼이다. 구글은 구글 애널리틱스 외에도 구글 태그 매니저, 구글애즈, 빅쿼리 등 다양한 툴을 보유하고 있다. 구글 툴들은 흡사 구글이라는 같은 부모 아래에 있는 형제들 같은 플랫폼이다. 각각의 역할은 다르나 구글 외 타 플랫폼과의 연계에 비교하여 구글 툴들은 마우스 클릭 몇 번으로 편하게 연동이 가능하다는 것이 특징이다. 예를 들어 웹사이트나 앱에서 태그를 손쉽게 관리하게 해주는 '구글 태그 매니저'라는 툴이 있다. 이 태그를 통해 구글 애널리틱스 관련 태그들을 설치할 수 있다. 구글 태그 매니저로 구글 관련 태그를 설치하는 경우에는 UI가 직관적으로 표현이 되어 있어 손쉽게 세팅할 수 있다. 이에 비해 다른 플랫폼의 태그를 구글 태그 매니저로 설치할 때는 직접 스크립트 원문을 가져와야 하는 번거로움이 있다.

다른 예로 구글애즈라는 광고 툴에서 송출된 광고에 대한 데이터를 구글 애널리틱스를 통해 분석하는 경우이다. 이때 구글 애널리틱스에서 특별한 조치를 하지 않았다고 하더라고 구글애즈에서 기본값으로 붙는 자동 태그 데이터를 통해 캠페인 단위로 효율 분석이 가능하다. 이러한 기능은 다른 구글과 관련이 없는 다른 광고 툴에서는 불가능한 기능이다. 다른 툴에서 송출된 광고에 대한 데이터를 GA4에서 자세히 식별하기 위해서는 'UTM 파라미터'라는 도구를 활용해야 한다. 하지만 구글 툴 사이에서는 이러한 도구 없이도 어느 정도 자세한 데이터 분석이 가능하게 구조화가 되어 있다.

▲ 구글 애널리틱스에서 연동이 가능한 툴 / 출처 : 구글 애널리틱스

앞서 언급했듯이 구글 애널리틱스와 같이 웹 또는 앱의 사용자 데이터를 분석해 주는 분석 툴은 굉장히 많다. 그중 필자가 구글 애널리틱스 한 가지 툴을 중심으로 이야기하는 이유는 분석 툴을 하나만 제대로 이해해도 다른 툴에 쉽게 접근할 수 있기 때문이다. 구글 애널리틱스는 전 세계적으로 가장 많이 사용되는 분석 툴이다. 구글 애널리틱스를 기반으로 분석의 기능이 디지털 마케팅 성과 개선에 어떤 방식으로 도움을 줄 수 있는지 천천히 알아보자.

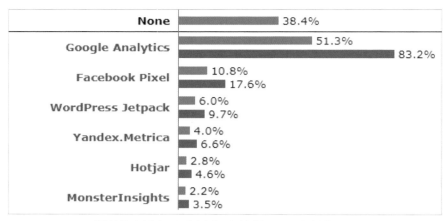

▲ 트래픽 분석 시장에서 구글 애널리틱스의 점유율(24.03.18 기준) / 출처 : w3techs
https://w3techs.com/technologies/overview/traffic_analysis

구글 애널리틱스의 구조

　구글 애널리틱스와 같은 디지털 마케팅의 툴을 이해하기 위한 첫 번째 요소는 그 툴의 구조를 파악하는 것이다. 어떤 툴이든 구조를 이해하면 어떤 문제가 생겼을 때 보다 빠른 상황 대처가 가능하다. 우리가 배울 구글 애널리틱스 버전의 정확한 명칭은 '구글 애널리틱스 4(Google Analytics 4)'이다. 업계에서는 줄여서 GA4라고도 부른다. GA4는 계정, 속성, 데이터 스트림 이렇게 3단계 구조로 이루어져 있다. 계정 안에 속성이 포함되어 있고 속성 안에 데이터 스트림이 다시 포함된 형태이다. 그럼, GA4의 요소별 특징에 대해 알아보자.

▲ 구글 애널리틱스의 구조

계정

　계정은 GA4에 접근하기 위한 최상위 단위이다. 각 사용자는 최대 100개의 GA4 계정을 소유할 수 있으며, 계정별로 분석하고자 하는 프로젝트를 관리할 수 있다. 계정에서는 운영 관리 관련한 기능을 제공한다. GA4에 접근하는 사용자의 권한 및 액세스 관리에 대한 설정이 가능하다. 이는 팀이나 조직 내에서 데이터에 대한 접근을 체계적으로 관리하도록 하는 기능으로써 조직 차원에서 필수적으로 인지하고 활용해야 하는 기능이다.

계정 단계에서 설정 가능한 기능의 활용 사례를 예시로 알아보자. 'A라는 마케팅 에이전시'가 여러 클라이언트의 웹사이트와 앱을 관리하는 상황이라고 가정하겠다. 이 에이전시는 다양한 클라이언트에 대응하기 위해 클라이언트 단위로 별도의 GA4 계정을 직접 생성 또는 권한 부여를 통해 접근할 수 있다. 이렇게 하면 클라이언트별 데이터 관리가 용이해지고, 마우스 클릭 몇 번으로 클라이언트의 GA4 데이터로 빠르게 이동이 가능해진다.

속성

속성은 특정 웹사이트나 앱의 데이터를 수집, 관리, 분석하는 역할을 한다. 각 속성에는 데이터 스트림이라는 데이터 수집을 위한 스크립트를 포함한다. 이를 통해 사용자와의 상호작용 데이터를 추적하게 한다. 속성에서는 사이트 방문, 앱 사용, 사용자 행동 등 다양한 데이터를 수집하고 이를 바탕으로 분석을 수행한다. 속성에서는 데이터 수집 외에 잠재고객, 맞춤 정의 채널 그룹 설정 등이 가능하다.

GA4를 운영할 때는 계정과 속성을 잘 구조화하는 것이 관리에 용이하다. 예를 들어, 한 기업이 여러 브랜드의 웹사이트를 운영한다고 가정해 보자. 그러면 하나의 GA4 계정을 보유하면서, 각 브랜드 웹사이트를 별로 속성을 분리한다. 이렇게 되면 하나의 GA4 계정에서 속성 단위로 각각의 브랜드 사이트 데이터를 관리하고 분석할 수 있다.

데이터 스트림

데이터 스트림(Data Stream)은 속성 내에서 웹, iOS, Android와 같은 특정 플랫폼으로부터 데이터를 수집하는 구체적인 방식이다. 각 속성은 하나 이상의 데이터 스트림을 가질 수 있으며, 이를 통해 다양한 출처에서 오는 데이터를 통합하여 분석할 수 있다. 예를 들어, 한 회사가 어떤 브랜드를 보유하고 있는데 그 브랜드가 모바일 앱과 웹 사이트를 동시에 운영하는 경우를 생각해 보자. 이때 그 브랜드 담당자는 웹과 앱 각각을 위한 데이터 스트림을 별도로 설정하여 우리 브랜드와 관련한 플랫폼에 유입하는 사용자들의 통합적 분석이 가능하게 하는 환경을 구축할 수 있다.

✏ 구글 애널리틱스 4의 특징 ✏

2020년 10월 GA4가 본격적으로 런칭되면서 이전 버전 대비 큰 변화로 인해 업계에 많은 파장을 일으켰다. 데이터 수집 부분부터 디자인 영역까지 다양한 영역에서의 변화가 있었다. 이번 섹션에서는 GA4의 주요 특징 3가지에 대해 알아보자.

이벤트 기반 추적 방식으로의 데이터 수집 방법 변경

GA4의 가장 큰 특징은 데이터를 수집하는 방법이 완전히 변경되었다는 것이다. 유니버셜 애널리틱스(GA3 버전)라고 불렸던 이전 버전은 세션을 기반으로 데이터를 추적하였다. 하지만 GA4로 넘어오면서 데이터 추적 방식을 이벤트 기반 추적으로 전환하였고, 이로써 사용자와의 상호작용을 더욱 유연하고 세밀하게 추적할 수 있게 되었다. 이벤트 기반 데이터 수집 모델은 페이지 뷰, 버튼 클릭, 동영상 재생 등 거의 모든 사용자 상호작용을 '벤트'라는 작은 단위로 수집한다. 이전 버전이 다양한 이벤트를 세션이라는 하나의 묶음으로 수집했던 것과 대조적이다. 이 변화로 인해 데이터가 이전 버전 대비 유연하게 조합이 될 수 있는 환경이 구축되었다.

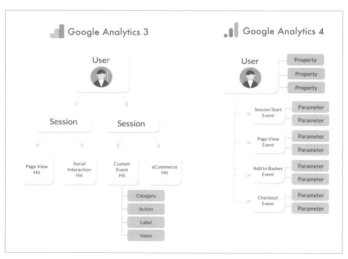

▲ GA4 이벤트 데이터 추적 방식

출처: https://blog.markezing.com/key-differences-about-universal-analytics-and-google-analytics-4

유연해진 데이터 변경

GA4로 넘어오면서 다양한 기능이 업데이트되었다. 이 중 '필터'와 '기여 모델'에 대해 자유롭게 데이터가 변경이 가능해졌으며, 심지어 과거 데이터를 현재 버전의 설정으로 변경되는 소급 적용까지 가능해졌다. 이는 데이터를 다양하게 만져 보아야 하는 마케터에게 반가운 변화이다. 과거 유니버셜 애널리틱스에서는 필터를 한 번 설정하면 필터로 인해 수집되지 않는 데이터는 다시 복구할 수 없었다. 그랬기에 필터를 세팅할 때 상당한 주의를 기울여야 했다. 하지만 GA4에서는 필터로 인해 보고서에 보이지 않았던 데이터가 있었다고 하더라도, 언제든 다시 원상복구를 시킬 수 있게 변경되었다. 그 때문에 필터라는 기능 자체를 더 이상 민감하게 세팅할 필요가 없어졌다.

기여 모델(Attribution Model)에서도 마찬가지로 이 장점이 그대로 적용된다. 기여 모델에 대해 간단히 설명하면 마케팅 캠페인을 진행한다고 했을 때, 캠페인을 통해 발생한 각각의 터치 포인트가 전환에 얼마나 기여했는지를 평가하는 것이다. 즉 기여에 대한 평가 모델을 '기여 모델'이라고 정리할 수 있다. GA4에서는 기본적으로 '데이터 기반 기여 모델'을 차용하고 있다.

▲ 기여 모델 변경 예시

만약에 기여 모델을 다른 기준으로 변경해서 데이터를 확인하고자 한다면 GA4 설정창에 접속하여 자유롭게 변경이 가능하다. 기여 모델을 변경하면 해당 모델에 맞춰 매체별 기여도 데이터가 변경된다. 약 이틀 이내에 변경된 것이 적용된다. 그리고 이러한 변경 사항은 이벤트 범위 트래픽 측정기준을 사용하는 보고서에 반영된다.

유연해진 보고서

GA4의 유연성은 비단 데이터 수집 부분에서만 국한되지 않았다. 보고서 세팅하는 방식에서도 높은 유연성을 제공한다. 많은 마케터들이 GA4가 처음 런칭되었을 때 이전 모델 대비 현저히 적어진 기본 보고서 수 때문에 적응을 어려워했다. 이전에는 100여 개가 넘는 기본 보고서가 있었는데, GA4에서는 19개 정도만 제공했기 때문이다. 기본 보고서 수가 줄었던 이유는 굳이 역설적으로 처음부터 많은 보고서가 필요하지 않았기 때문이다. GA4에서는 내가 원하는 방식으로 보고서를 얼마든지 수정할 수 있다. 심지어 보지 않는 보고서들은 아예 제거할 수도, 반대로 내가 원하는 보고서를 자유롭게 생성하는 것도 가능하다.

GA4에는 맞춤 보고서 기능을 포함하고 있는 '탐색'이라는 기능이 있다. 여기서는 일반적인 표(table) 형태의 보고서뿐 아니라, 자유 형식, 유입경로 탐색 분석 등 마케터가 유용하게 사용할 수 있는 다양한 형태의 보고서를 제공한다. 이후 자세히 설명하겠지만 내가 원하는 항목들을 설정하면 곧바로 시각화가 가능하기에 설정하는 방법만 배워 두면 인사이트를 획득하는 데 큰 도움이 된다.

▲ GA4 탐색 템플릿 종류

구글 애널리틱스 4 필수 용어

그럼 GA4를 이해하는 데 필요한 필수적인 용어들을 알아보자. 구글 애널리틱스에는 상당히 많은 용어가 쓰인다. GA4에서 제공하는 측정기준만 하더라도 100가지가 훌쩍 넘는다. 그래서 보고서를 보고 의미를 찾기 위해서는 각 용어가 어떠한 것을 의미하는지 정확하게 알아야 데이터에 가치를 부여할 수 있다. 그런데 처음부터 몇백 개를 다 알아야만 GA4를 볼 수 있는 것이 아니다. 자동차를 새로 구입해서 운전하는 상황이라고 할 때, 운전을 위해 자동차에 탑재된 기능을 처음부터 모두 알아야 할 필요는 없듯이 GA4도 비슷하다. 우선 필수적인 용어를 먼저 인지하고 GA4에 흥미가 생기기 시작하면 나머지는 천천히 알아가도 무방하다. 그래서 지금은 GA4를 처음 보는 분들이라면 필수적으로 알아야만 하는 중요 용어 9가지를 알아보겠다.

우리가 알아보게 될 용어는 크게 2가지로 분류할 수 있다. '보고서의 형태를 볼 때 알아야 하는 용어'와 '보고서의 내용을 볼 때 알아야 하는 용어'이다. 전자에 해당하는 용어들은 '측정기준, 측정항목, 세그먼트, 필터'이고 후자에 해당하는 용어들은 '세션, 참여, 평균 참여 시간, 이벤트, 주요 이벤트(구 전환)'이다. 지금부터 하나씩 짚어 보도록 하자.

보고서의 형태를 볼 때 알아야 하는 용어

1. 측정기준(Dimension)

측정기준은 데이터를 어떤 기준으로 나누어 볼 것인지에 대한 기준을 의미한다. 데이터는 본래 하나의 뭉텅이이다. 이 뭉텅이를 필요에 따라 국가 단위로 나누어 볼 수도 있고, 연령 단위로 나누어 볼 수도 있다. 이때 '국가, 연령'과 같이 데이터 뭉텅이를 나누어 보는 기준들이 측정기준이다. 그리고 국가라는 측정기준으로 나누게 되면, '한국, 미국, 일본, 대만, 중국' 등 데이터가 국가명에 따라 나뉘어 보이게 되는데 여기서 나타나는 국가명이 측정기준의 값이 된다.

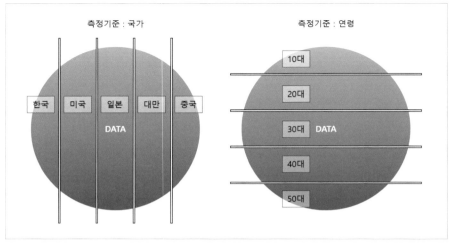

▲ 측정기준의 개념도

2. 측정항목(Matric)

측정항목은 뭉텅이 데이터에서 '내가 보고자 하는 부분'이다. 예를 들어 국가별로 데이터를 나누었는데, 나누어진 상태에서 '어떤 것을 볼 것인가'라는 것이 측정 항목이다. 예를 들어 국가별 '사용자 수', '전환 수'를 알고 싶다고 하였을 때 이 사용자 수와 전환 수가 측정항목이 된다. GA4에서의 대표적인 측정항목은 사용자 수, 세션 수, 페이지 뷰 수, 이벤트 수 등이 있다.

3. 세그먼트

세그먼트는 사용자 기반 데이터를 특정 기준에 따라 분류하는 기능이다. GA4는 유연한 사용자 분석을 위해 세그먼트 기능을 활용하여 사용자의 행동, 특성, 구매 패턴 등 다양한 측면에서 데이터를 분석할 수 있다. 세그먼트 기능을 이용하면 남성 사용자와 여성 사용자로 데이터를 나누어 연령별 전환율을 비교하거나, PC와 모바일 데이터를 분류하여 그룹별로 어떤 매체를 통해 들어온 사용자들이 많았는지 등을 확인할 수 있다. GA4에서 세그먼트는 크게 세 가지로 나누어진다. 사용자 세그먼트(User segment), 세션 세그먼트(Session segment), 이벤트 세그먼트(Event segment)이다. 각 세그먼트의 기능적 차이는 추후 '탐색' 보고서 부분에서 상세히 알아보도록 하자.

4. 필터

필터는 내가 보고자 하는 조건의 데이터만 보는 기능이다. 예를 들어 우리 사이트에 유입되는 사용자들 중 한국 사람들에 대한 데이터만 보겠다고 하면 한국 사람만 포함하는 필터를 보고서에 적용하면 된다. 필터 기능은 수많은 데이터 중 나에게 중요한 부분의 데이터만을 보고서에 곧바로 출력해 주는 기능이다. 기본 보고서에서 필터 기능만 잘 활용해도 데이터 분석에 있어 많은 시간을 아낄 수 있다.

보고서의 내용을 볼 때 알아야 하는 용어

1. 세션

세션은 쉽게 표현하면 구글이 생각하는 유의미한 방문이다. GA4에서 세션을 초기화하는 데 몇 가지 기준이 있다. 이 중 가장 중요한 기준은 사용자가 우리 사이트에서 더 이상 상호작용을 일으키지 않는 시간이다. 구글 애널리틱스는 어떤 사람이 우리 홈페이지나 앱에 접속하고 사이트 내에서 활동하다가 30분 동안 아무런 상호작용이 없으면 세션을 종료한다. 이후 새롭게 상호작용이 발생하면 새로운 세션으로 다시 집계한다. 예를 들어 A라는 사람이 우리 홈페이지에 들어와 쇼핑을 하고 있다고 생각하자. 한참 쇼핑을 하다가 거실에서 1시간 정도 밥을 먹고 와서 다시 쇼핑을 한다고 해보자. 이때 홈페이지에는 1명이 접속했지만 밥을 먹는 1시간 동안 홈페이지에서 아무런 상호작용이 없었을 것이다. 여기서 GA4는 '밥 먹기 전 활동' 세션 1, '밥 먹은 후 활동' 세션 2 이렇게 나누어 세션을 집계한다. 그래서 A의 활동에 대해 GA4는 '사용자' 세션 1 : 세션 2로 기록되게 된다.

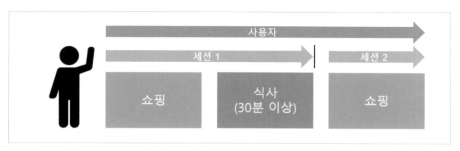

▲ 세션의 개념도

세션 초기화 조건 시간은 30분을 기본값으로 한다. 하지만 비즈니스 특성에 따라 30분 동안 우리 홈페이지에서 상호작용이 없는 것이 당연한 경우도 있다. 대표적인 사례가 동영상을 제공하는 교육업체나 OTT 사이트이다. 사용자는 분명히 동영상을 틀어 놓고 의자에 앉아 열심히 보고 있지만 홈페이지상에서는 상호작용이 없으니 30분이 지나면 세션을 초기화해 버린다. 이런 경우에는 세션 초기화 기준인 30분이 비즈니스 상황에 맞지 않는 것이다. 이럴 경우 유관부서와 논의 후 적절하게 세션 초기화 시간을 변경할 수 있다. 세션 초기화 조건은 최소 5분부터 최대 7시간 55분까지 5분 단위로 설정할 수 있다.

2. 참여

참여는 우리 사이트에서 적극적으로 활동한 경우를 의미한다. 적극적이라는 표현의 구체적인 기준으로는 활성 페이지 체류 시간이 10초 이상 지속되거나 전환 이벤트가 발생하거나 페이지 조회 또는 화면 조회가 2회 이상 발생한 경우에 참여로 집계한다. 예를 들어 우리 사이트에 접속하는 사람들의 참여율이 10%라고 하면, 10명 중 1명만 우리 사이트에서 적극적으로 활동했고 나머지 9명은 들어와서 거의 바로 이탈했다고 이해하면 된다. 참여로 인정하는 체류 시간의 기본값은 10초로 세팅 되어 있다. 하지만 GA4에서는 필요에 따라 참여로 인정하는 최소 체류 시간을 최대 60초까지 10초 단위로 설정이 가능하다.

캠페인을 해보면 참여율은 전환율과 유의미한 상관관계를 갖는다. 참여율이 높아지면 우리 사이트에서 내가 궁극적으로 원하는 행동(구매 완료, 회원가입 등)이 발생할 확률이 함께 올라간다는 뜻이다. 우리 사이트에서 아직 전환 수치가 완벽하게 집계가 되고 있지 않은 상태라면 '참여'를 캠페인 성과 개선의 보조 기준으로 삼는 것을 제안한다.

3. 참여 시간

참여 시간은 앞에서 언급한 참여율과 함께 전환과 높은 상관관계가 있는 중요한 보조 지표다. 참여 시간은 포그라운드(foreground) 상태의 웹페이지나 앱 화면에서 보내는 시간이다. 포그라운드는 실제 내가 보고 있는 화면에서 출력이 되는 상태를 의미한다. 포그라운드의 반대로는 백그라운드(background)가 있다. 아래 웹 환경에 대한 예시 이미지를 보자. 인터넷을 사용하다 보면 아래 탭 여러 개 열어 두고 탭을 바꾸면서 인터넷을 서칭하는 경우가 있다. 이때 내가 지금 보고 있는 화면이 포그라운드, 안 보이는 상태가 백그라운드 상태이다. 앱 환경에서는 내가 A 앱을 보다가 홈버튼을 눌러 앱을 내 화면에서 안 보이게 하고 다른 앱을 활용하는 경우이다. 내 화면에 보이는 앱은 포그라운드 상태, 화면에 보이지는 않지만, 앱이 작동하고 있다면 백그라운드 상태이다.

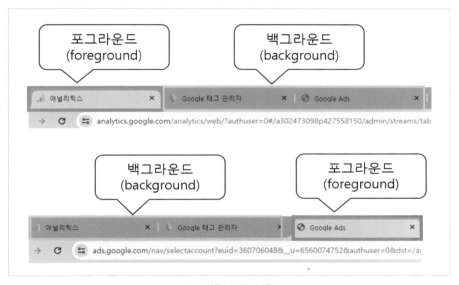

▲ 포그라운드와 백그라운드

참여 시간 측정에 대해 예를 들어 보겠다. A라는 사이트에 접속해서 콘텐츠를 5분을 보고 A 페이지를 그대로 둔 상태에서 갑자기 새로운 탭을 열어 B 사이트를 들어가 10분간 구경하였다. 그리고 전체 웹 브라우저를 OFF하였다. 이럴 경우 A 사이트에 대한 총 체류 시간은 15분이지만, 참여 시간은 포그라운드 상태였던 5분으로 기록된다.

4. 이벤트

이벤트(Event)는 GA4에서 매우 중요한 개념 중 하나이다. 이벤트 설계를 어떻게 했는지에 따라 마케터가 분석할 수 있는 데이터의 질과 양이 달라지기 때문이다. 여기서 말하는 이벤트는 우리가 소비자 입장에서 흔히 들어왔던 '프로모션' 성격과는 완전히 다른 개념이다.

디지털 업계상에서 이벤트라는 용어는 웹이나 앱 환경에서 발생한 상호작용을 의미한다. 어떤 사용자가 우리 플랫폼에 접속하여 어떤 상호작용을 일으키면 'XX 이벤트가 발생했다'고 표현한다. 여기서 XX는 스크롤, 페이지 뷰, 버튼 클릭 등 상호작용이 가능한 모든 형태가 포함된다. 하지만 모든 행동이 이벤트로 자동 수집되지는 않는다. 그래서 내가 보고자 하는 특정한 행동이 있다면 별도로 이벤트를 세팅해야 한다. 이벤트가 세팅이 된 이후 비로소 해당 행동에 대한 데이터가 GA4에 수집된다.

GA4를 사용하는 마케터 입장에서 이벤트는 '내가 보고자 하는 사용자의 행동'이라고 해석할 수 있다. 구매 완료, 상세페이지 조회, 회원가입 등 내가 원하는 특정한 행동이 일어났을 때의 데이터를 수집하려면 이벤트가 필수적으로 설정이 되어 있어야 하기 때문이다. 이벤트를 설정하기 위해서는 내가 원하는 시점에 발동이 되는 '이벤트 태그(Event Tag)'를 설치해야 한다. 이벤트 태그는 아래 이미지와 같은 모양으로 이루어져 있다.

```
gtag('event', 'screen_view', {
  'app_name': 'myAppName',
  'screen_name': 'Home'
});
```

▲ 이벤트 태그 예시 / 출처 : developers.google.com

태그가 익숙하지 않은 사람은 다소 어려워 보일 수 있지만, 알고 보면 간단하다. 이미지로 제공한 위 태그의 의미를 하나씩 파악해 보자. 첫 줄에서는 해당 태그가 구글 이벤트 태그라는 정의가 내려져 있다. 그리고 그 이벤트의 이름은 'screen_view'로 명명했다. 이게 첫 줄의 의미이다. 여기까지만 코드가 작성이 되어 있어도 screen_view라는 이벤트를 GA4로 보내는 데 전혀 무리가 없다.

그러면 아래 있는 두 줄의 코드는 무엇일까? 두 번째 줄과 세 번째 줄의 코드를 보면 app_name의 값은 myAppName으로, screen_name에 대한 값은 Home으로 되어 있다. 이것은 첫 줄에 기재되어 있던 screen_view라는 이벤트의 부가적인 정보이다.

즉 screen_view 이벤트가 발생하였다고 하였을 때, 이 이벤트는 myAppName이라는 앱의 Home 화면에서 발생한 screen_view라는 것을 의미한다. 여기서 app_name과 myAppName 부분은 합쳐서 매개변수(parameter)로 정의된다. 이 매개변수를 한번 더 분류해서 보면 app_name 부분은 'key'로, myAppnName 'value'로 구분이 된다.

GA4의 이벤트는 구현 방법과 개발자가 설정하는 이벤트 명에 따라 총 4가지 종류로 나뉜다. 아래 이미지를 참고해 보자.

구분	광고 노출 수	구매수	구매율
자동	자동 수집 이벤트	기본 데이터 수집을 통해 자동으로 수집되는 이벤트	page_view, session_start 등
반자동	향상된 측정 이벤트	구글에서 제공하는 옵션을 통해 추가적으로 수집할 수 있는 자동 이벤트	scroll, view_search_results 등
수동	추천 이벤트	구글에서 사전 정의한 이벤트 및 매개변수명을 활용하여 설치하는 이벤트	add_to_cart, purchase 등
수동	맞춤 이벤트	이벤트와 매개변수명을 원하는 이름으로 커스텀하여 설치하는 이벤트	N_pay_click, 구매완료 등

▲ GA4 이벤트의 종류

1) 자동 수집 이벤트

자동 수집 이벤트는 GA4를 설치하면 별도의 작업 없이 자동으로 수집되는 이벤트이다. 기본적으로 제공되는 자동 수집 이벤트는 사용자가 웹사이트나 앱에서 수행하는 일반적인 활동을 포착하는 데 도움이 된다.

예를 들어, 사용자가 웹페이지를 방문하거나, 앱을 처음 실행하거나, 세션이 시작될 때 자동으로 수집되는 이벤트들이다. 이러한 자동 수집 이벤트는 별도의 추가 코드 작성 없이 기본적으로 GA4에서 제공하며, 사용자 행동에 대한 초기 데이터를 쉽게 수집할 수 있게 해준다.

2) 향상된 측정 이벤트

'향상된 측정' 기능을 사용하면 스크롤, 아웃바운드 클릭, 사이트 내 검색, 비디오 조회와 같은 추가적인 사용자 상호작용을 자동으로 추적할 수 있다. 이 기능은 GA4 설정에서 간단히 토글 버튼을 사용해 활성화하거나 비활성화할 수 있다.

▲ GA4 향상된 측정 이벤트 종류

향상된 측정 이벤트를 사용하는 데는 몇 가지 전제 조건이 있다. 향상된 측정 이벤트 데이터가 GA4에 정상적으로 수집되려면, 기존 웹사이트나 앱에서 해당 이벤트가 GA4에서 인식할 수 있는 조건으로 설정되어 있어야 한다.

예를 들어, 사이트 내부 검색어 데이터를 얻고자 할 때 GA4가 기본적으로 수집하는 사이트 검색 매개변수는 q, s, search, query, keyword 다섯 가지이다. 만약 내 사이트가 기본값으로 수집하는 위 매개변수와 다른 이름으로 내부 검색어를 수집하고 있다면, GA4에서 내 매개변수를 추가하거나 GA4에서 인식할 수 있는 매개변수로 이를 변경해 주어야 한다. 이처럼 GA4의 향상된 측정 이벤트를 제대로 활용하려면, 웹사이트나 앱의 설정이 GA4에서 요구하는 조건에 맞는지 확인하고, 필요한 경우 이를 수정해야 한다.

3) 추천 이벤트

구글은 특정 비즈니스 목적이나 앱 유형에 맞춰 추천하는 이벤트 목록을 제공한다. 이러한 이벤트 목록은 GA4에서 추적을 권장하는 사용자 행동에 대한 데이터 수집을 계획하는 데 좋은 지침이 된다. GA4의 추천 이벤트는 GA4 내부에서 사용하는 기준에 맞는 이벤트 명과 매개변수의 key 값을 가지고 있어, 이벤트 데이터를 기반으로 하는 GA4 보고서에 적합한 형태로 데이터가 누적된다.

예를 들어, '전자상거래 보고서'의 경우 'view_item', 'add_to_cart', 'begin_checkout', 'purchase'와 같은 이벤트만 인식되고, 제품에 대한 정보는 'item'이라는 이름의 매개변숫값으로 지정해야 올바르게 데이터가 수집된다.

Event	Trigger when a user...
add_payment_info	submits their payment information during checkout
add_shipping_info	submits their shipping information during checkout
add_to_cart	adds items to their shopping cart
add_to_wishlist	adds items to their wishlist
begin_checkout	begins checkout
purchase	completes a purchase
refund	receives a refund
remove_from_cart	removes items from their shopping cart
select_item	selects an item from a list of items or offerings
select_promotion	selects a promotion
view_cart	views their shopping cart
view_item	views an item
view_item_list	views a list of items or offerings
view_promotion	views a promotion on your website or app

▲ GA4 추천이벤트 내 온라인 판매 카테고리
출처: https://support.google.com/analytics/answer/9267735

구글에서 제공하는 관련 정보는 상황에 따라 업데이트될 수 있다. 위에 공유한 공식 URL을 참고하여 업데이트 사항이 있는지 정기적으로 체크하자. 실전에서 GA4 추천 이벤트를 사용하고자 한다면, 위 URL에서 제공하는 가이드에 맞춰 이벤트 및 매개변수의 이름을 동일하게 설정해야 한다는 점을 꼭 기억하자.

4) 맞춤 이벤트

맞춤 이벤트는 구글에서 제안하는 추천 이벤트 외에 사용자가 직접 정의한 이벤트를 말한다. 원하는 타이밍에 원하는 이름으로 이벤트를 세팅하는 것이 맞춤 이벤트이다. 맞춤 이벤트를 만들 때 명심해야 할 점은 추천 이벤트와 달리 자동으로 연동되는 보고서가 없다는 것이다. 만약 구매 완료 시점을 이벤트로 설정하고 싶은 경우 추천 이벤트 명인 purchase로 명명하면 GA4에서 자동으로 이 이벤트 명을 인식하여 전자상거래 보고서 등에 연동이 되지만 purchase_complete처럼 추천 목록에 없는 이름으로 명명하면, 같은 구매 완료를 뜻하는 이벤트라고 하더라도 GA4가 구매 완료라는 의미로 인식하지 못한다. 따라서 이벤트를 기획할 때는 구글의 추천 이벤트 명과 매개변수 명을 우선적으로 설정하고, 그 이후에 필요에 따라 맞춤 이벤트 명을 설정하는 것이 중요하다.

5. 전환(주요 이벤트)

전환의 정식 명칭은 '주요 이벤트'이다. 주요 이벤트는 GA4에서 설정한 일반 이벤트 중 비즈니스 목표에 적합하다고 판단되는 중요한 이벤트 데이터를 별도로 설정하는 것이다. 어떤 이벤트를 주요 이벤트로 설정할지에 대해서는 GA4 사용자가 스스로 결정해야 한다. 하나의 속성당 최대 30개의 전환 이벤트를 설정할 수 있다. 30개의 전환이 적은 수는 아니지만, 숫자 제한이 있는 만큼 신중하게 설정하는 것이 좋다.

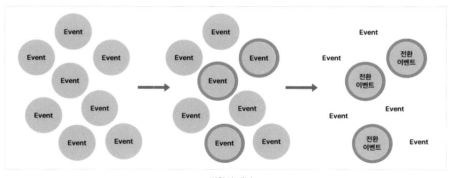

▲ 전환의 개념

구글 애널리틱스 4 데모 계정

　지금부터 GA4에서 제공하는 데이터를 알아보겠다. 구글 애널리틱스를 처음 접하는 독자들에게는 구글 애널리틱스 4의 데모 계정을 활용하여 보고서를 보는 것을 권장한다. 구글 애널리틱스는 데이터를 분석하는 툴이다. 따라서 GA를 처음 만들어 데이터가 없는 보고서를 보는 것은 학습의 흥미를 떨어뜨릴 수 있다. 데이터 분석 툴 특성상 이미 데이터가 수집되고 있는 보고서를 활용하는 것이 더 유익한데, 구글에서는 이러한 수요에 맞춰 공용 보고서를 제공하고 있다. 지메일(Gmail) 계정만 있으면 누구나 접근할 수 있는 GA 보고서가 구글에서 자체적으로 제공하는 '구글 애널리틱스 데모 계정'이다. 그럼, 데모 계정에 접근하는 방법부터 차근차근 알아보자. 구글 애널리틱스를 이미 활용해 본 경험이 있는 독자들은 각자 사용하던 구글 애널리틱스의 보고서를 보며 앞으로의 실습에 참여해도 무방하다.

　데모 계정에 접근하기 위해 구글 검색창에 '구글 애널리틱스 데모 계정'이라는 키워드를 검색해 보자.

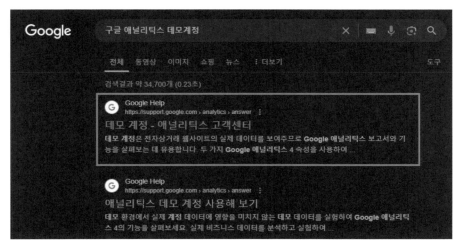

▲ 구글 애널리틱스 데모 계정 키워드 검색

그럼, 앞의 이미지와 같이 구글 애널리틱스 고객센터 페이지에서 '데모 계정' 관련 페이지가 검색 결과 화면에 노출될 것이다. 이 페이지에 접속한다. 만약 필자와 같이 화면이 나타나지 않는 경우가 있다면, 각주의 URL[*]로 접속하면 된다.

페이지에 접속해서 밑으로 스크롤을 내려보면 '데모 계정 액세스'라는 항목이 있다. 여기에서 아래 3가지 아웃링크 중 하나를 클릭하면 된다.

데모 계정 액세스

데모 계정에 액세스하려면 이 섹션 끝의 링크 3개 중 하나를 클릭하세요. 링크를 클릭하면:

- 이미 Google 계정이 있는 경우 해당 계정에 로그인하라는 메시지가 표시됩니다.
- Google 계정이 없는 경우 계정을 만든 후에 로그인하라는 메시지가 표시됩니다.

아래의 링크를 클릭하면 Google 계정과 관련된 다음 두 가지 작업 중 하나를 Google이 수행하는 데 동의하게 됩니다.

- 이미 Google 애널리틱스 계정이 있다면 해당 애널리틱스 계정에 데모 계정이 추가됩니다.
- Google 애널리틱스 계정이 없다면 사용자의 Google 계정과 연결된 새 계정이 생성되며, 데모 계정이 새 애널리틱스 계정에 추가됩니다.

데모 계정은 조직 및 계정 연결을 선택하는 애널리틱스의 계정 선택기에서 사용할 수 있습니다.

데모 계정은 단일 Google 계정에서 만들 수 있는 최대 애널리틱스 계정 수에 포함됩니다. 현재 Google 애널리틱스의 경우 Google 계정당 최대 2,000개의 애널리틱스 계정을 만들 수 있습니다.

먼저 액세스하려는 속성을 기반으로 다음 링크 중 하나를 클릭하여 세 가지 속성이 포함된 데모 계정에 액세스합니다. 계정 선택기를 사용하여 언제든지 다른 속성으로 변경할 수 있습니다.

- Google 애널리틱스 4 속성: Google Merchandise Store(웹 데이터) ☒
- Google 애널리틱스 4 속성: Flood-It! (앱 및 웹 데이터) ☒
- 유니버설 애널리틱스 속성: Google Merchandise Store(웹 데이터) ☒

언제든지 데모 계정을 삭제할 수 있습니다.

▲ 구글 애널리틱스 데모 계정 액세스

링크별로 접근이 가능한 데모 계정들 사이에 약간의 차이가 있다.

- **Google 애널리틱스 4 속성** : Google Merchandise Store(웹 데이터). GA4 웹 기반 데이터
- **Google 애널리틱스 4 속성** : Flood-It! (앱 및 웹 데이터). GA4 앱 기반 데이터

---

[*] 구글 애널리틱스 데모 계정 접속 URL: https://support.google.com/analytics/answer/6367342

- **유니버설 애널리틱스 속성** : Google Merchandise Store(웹 데이터), UA(과거 버전) 웹 기반 데이터

3가지 링크 중 어떤 것을 선택하더라도, 데모 계정에서 다른 데모 계정으로 이동하는 것이 가능하다. 우리는 우선 직관적으로 실습이 가능한 웹 기반 데모 계정 항목으로 접근할 것이다. 세 개의 선택지 중 가장 첫 번째 항목인 Merchandise Store GA4 데이터를 선택해 보자.

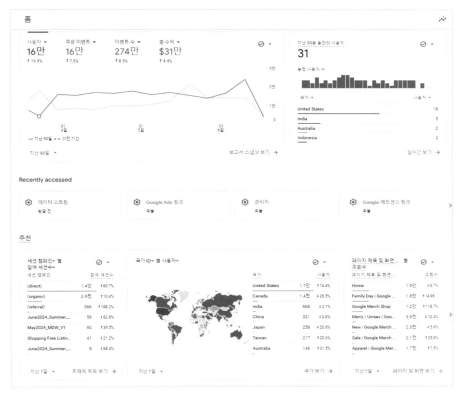

▲ 구글 애널리틱스에 접속하여 보이는 첫 화면

그럼, 위 이미지와 같이 구글 애널리틱스 데모 계정에 접속할 수 있다. 화면에서 직관적으로 볼 수 있듯이, 우리가 접속한 구글 애널리틱스 계정에는 이미 데이터가 수집되고 있다. 이 데이터는 구글 머천다이즈 스토어(https://shop.merch.google)에서 실제 사용자의 행동 데이터를 기반으로 수집된 것이다. 지금부터 우리는 이 사이트에

서 발생하는 데이터를 기반으로 GA4의 보고서를 함께 알아볼 것이다.

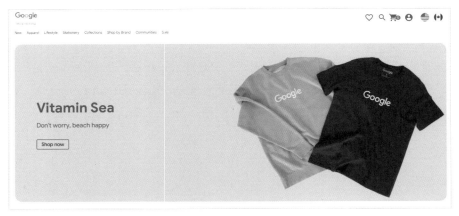

▲ GA4 데모 계정의 데이터 소스인 구글 머천다이즈 스토어

구글 애널리틱스 4 보고서 : 기본 구조

그럼, 지금부터 구글 애널리틱스에서 제공하는 기본 보고서에 대해 알아보자. GA4 를 처음 접하는 독자들을 위해서 앞서 소개한 구글 애널리틱스 데모 계정을 기반으로 설명하겠다. 우선 보고서에 접근하는 방법부터 알아볼 것이다. 구글 애널리틱스에 접속하여 왼쪽 사이드바를 보자. 왼쪽 상단에 총 4개의 아이콘이 자리 잡고 있는데, 여기서 위에서 두 번째 위치한 '보고서' 아이콘을 클릭하자.

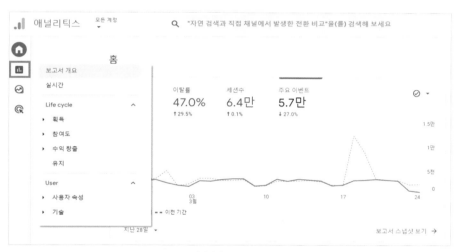

▲ 구글 애널리틱스 기본 보고서 접근

보고서 항목에 접속하면 하위에 다양한 메뉴가 추가로 보인다. 여기서 '보고서 개요'와 '실시간' 보고서가 보인다. '보고서 개요'는 사용자 수, 캠페인별 트래픽, 사용자 리텐션(retention) 등의 전반적인 정보를 요약해서 보여주는 보고서이다. '실시간' 보고서에서는 최근 30분 동안 우리 사이트에 유입한 사람들에 대한 데이터를 실시간으로 보여준다.

그 아래부터 본격적으로 데이터를 볼 수 있는 기본 보고서들이 나열되어 있다. 지금부터 이 보고서들이 어떤 방식으로 구조화되어 있는지 알아볼 것이다. 구글 애널리틱스 4의 보고서 구조를 이해하는 것은 웹사이트 및 앱의 사용자 행동을 구조적으로 구분할 때 매우 중요하다. 그뿐만 아니라 구조의 이해는 추후 보고서를 내 임의로 커스텀할 때 매우 중요하게 작용한다. 임의로 하나의 보고서를 보면서 설명을 이어 가겠다.

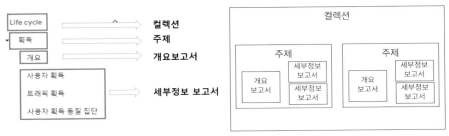

▲ 구글 애널리틱스 기본 보고서 접근

'Life cycle' 항목을 클릭해 보면 하위 항목들이 보인다. 항목별 명칭과 특징에 대해 알아보겠다.

컬렉션

컬렉션은 GA4 내에서 데이터를 주제별로 분류한 가장 큰 카테고리이다. 여기서 주제란 사용자의 행동, 사이트 트래픽, 전환 등과 같이 관련된 데이터 집합을 의미한다. 컬렉션은 여러 주제를 포괄하는 가장 큰 카테고리이다.

주제

주제는 컬렉션보다 한 단계 더 세분화된 카테고리로써 컬렉션 내에 있는 하위 폴더 역할을 한다. 각 주제는 관련된 데이터와 인사이트를 제공하는 보고서를 포함한다. 하나의 주제 폴더에는 하나의 개요 보고서와 한 개 이상의 세부정보 보고서로 구성된다.

개요 보고서

개요 보고서는 카드 형태로 이루어진 해당 주제의 요약 보고서이다. 카드란 GA4에서 아래와 같이 원하는 기준에 맞춰 요약된 형태로 데이터가 표현된 박스를 말한다.

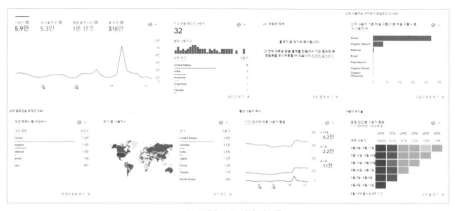

▲ GA4 개요 보고서의 카드들

세부정보 보고서

세부정보 보고서는 GA4 기본 보고서에서 우리가 일반적으로 보는 표(Table) 형태로 표현된 보고서이다. 마케터가 많이 활용하는 기능 중 하나이다. 기본적으로 제공되는 세부정보 보고서에서는 보고서별로 다양한 측정기준을 제공한다. GA4에서 기본으로 제공하는 측정기준을 바탕으로 데이터를 탐색하는 데 활용한다.

	세션 기본 채널 그룹(기본 채널 그룹) ▾ +	참여 세션 수	세션당 평균 참여 시간	사용자 당 참여 세션수	세션당 이벤트	참여율	이벤트 수 모든 이벤트 ▾	주요 이벤트 모든 이벤트 ▾
		48,718 전체 대비 100%	50초 평균과 동일	0.82 평균과 동일	13.00 평균과 동일	52.88% 평균과 동일	1,198,038 총계 대비 100%	82,676.00 총계 대비 100%
1	Direct	37,472	46초	0.78	11.65	50.75%	860,009	58,495.00
2	Organic Search	10,136	1분 04초	1.07	14.53	72.21%	203,995	19,272.00
3	Unassigned	2	52초	<0.01	50.84	0.1%	99,597	1,504.00
4	Referral	479	40초	0.61	11.69	48.68%	11,504	681.00
5	Email	621	1분 12초	1.33	16.57	82.25%	12,513	1,643.00
6	Organic Social	216	49초	0.72	12.75	54.55%	5,048	443.00
7	Paid Search	194	17초	0.68	7.04	50.13%	2,724	263.00
8	Organic Shopping	147	1분 10초	1.04	16.01	91.88%	2,562	368.00
9	Organic Video	4	50초	0.67	14.33	66.67%	86	7.00

▲ GA4 세부정보 보고서의 테이블

구글 애널리틱스 4 보고서 : 실시간 보고서

구조에 대해 이해했다면 데모 계정에서 제공하는 기본 보고서를 하나씩 살펴보자. 가장 먼저 '보고서 개요' 바로 아래에 있는 '실시간 보고서'를 클릭해 보자. 실시간 보고서에서는 앞서 최근 30분 동안 접속한 사용자들의 행동 데이터를 보여주는 보고서이다.

실시간 보고서에서는 사용자에 대한 정보를 제공하는 다양한 카드들이 있다. 약 7개의 카드가 보이는데 필자의 경우 '소스, 매체 또는 캠페인별 사용자', '페이지 제목 또는 화면 이름별 사용자', '이벤트 이름별 이벤트 수', '이벤트 이름별 전환' 이렇게 4개의 카드를 주로 확인한다. 각각의 카드는 아래와 같은 기능으로 활용한다.

- **소스, 매체 또는 캠페인별 사용자** : 사용자가 유입된 위치 확인
- **페이지 제목 또는 화면 이름별 사용자** : 사용자가 참여하는 콘텐츠 확인
- **이벤트 이름별 이벤트 수** : 사용자가 발동시키는 이벤트 및 매개변수 디버깅
- **이벤트 이름별 전환** : 사용자가 완료한 전환 이벤트 및 매개변수 디버깅

실시간 보고서에서 이런 카드를 통한 데이터 확인 외에도 '사용자 개요 보기'라는 재미있는 기능이 있다. 이 기능은 우측 상단에 '사용자 개요 보기'라는 이름의 텍스트를 클릭하여 접근할 수 있다. 함께 보면서 설명을 이어가겠다.

▲ 사용자 개요 보기

'사용자 개요 보기'는 우리 웹이나 앱에 접속하여 활동하는 사용자들 중 한 명을 임의로 선정하여 이 사용자의 행동을 이벤트 단위로 모니터링할 수 있는 기능이다. 이 기능을 통하여 내가 의도한 GA4 이벤트가 잘 기록이 되고 있는지를 실시간으로 확인할 수 있다. 사용자 개요 보기 페이지로 이동하면 아래 이미지와 같은 화면이 보인다. 전체적으로 보면 복잡해 보일 수 있다. 하지만 4가지 영역으로 나누어 이해하면 어렵지 않다.

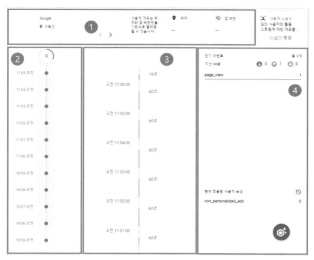

▲ 사용자 개요 보기 인터페이스

먼저 ❶번 영역은 현재 선정된 임의 사용자에 대한 기초적인 정보를 제공한다. 어떤 지역에서 접속했는지, 어떤 기기를 사용하는 사용자인지 등을 보여 준다. ❷번 영역은 몇 개의 이벤트가 발생하였는지를 1분 단위로 보여 준다. 회색 동그라미가 있다면 그 1분 동안에는 아무런 이벤트가 발생하지 않았다는 것을 의미한다.

이벤트가 발동하였다면 발동된 이벤트 횟수가 기재된 컬러 동그라미가 나타난다. ❷번 영역은 발생한 이벤트의 이름이 초 단위로 리포팅이 되는 영역이다. 실무에서 ❷번 영역과 ❸번 영역은 함께 보는 경우가 많다. 예를 들어 ❷번 영역에서 17시 40분에 이벤트가 2개 발생했다는 것을 확인하였다면 ❸번 영역으로 와서 어떤 이벤트가 어떤 순서로 발동이 되었는지 구체적으로 확인한다.

마지막 ❹번 영역은 해당 사용자가 발생시킨 전체 이벤트 리스트를 볼 수 있다. 전체 리스트 중 더 자세히 알고 싶은 이벤트가 있다면 해당 이벤트를 클릭해 보자. 그러면 ❸번 영역의 화면이 바뀌면서 클릭한 이벤트에 대한 자세한 정보가 보이는 것을 확인할 수 있다.

▲ 사용자 개요 보기 내 최근 발생 이벤트 매개변수 확인

사용자 개요 보기에서 보이는 사용자는 임의로 선정이 된 사용자이기에 내가 의도한 행동 자체를 하지 않을 수도 있다. 그래서 내가 선정한 사용자의 행동을 기반으로 실시간 데이터를 확인하기 위해서는 '디버그 뷰'라는 기능을 별도로 활용해야 한다. '디버그 뷰'의 인터페이스가 우리가 현재 보고 있는 사용자 개요 보기의 인터페이스와 완전히 동일하다. '디버그 뷰'는 GA4를 사용하면서 빈번하게 활용할 기능 중 하나이다. 이 기능에 대해서는 뒤에서 자세히 설명하겠다.

구글 애널리틱스 4 보고서 : 기본 보고서의 구조

　기본 보고서는 구글 애널리틱스 4를 생성하면 기본으로 세팅해 준 보고서이다. 우리는 여기서 마케터들이 주로 활용하는 '세부정보 보고서'를 위주로 살펴보려고 한다. 데이터 자체를 살펴보기 전에 기본 보고서가 제공하는 기능을 알아 둘 필요가 있다. 데모 계정에서 세부정보 보고서를 열어 보자. 보고서의 형태를 보려고 하는 것이니 어떤 보고서를 열어 보아도 괜찮다.

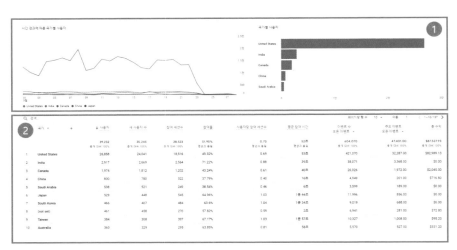

▲ 세부정보 보고서 화면

　세부정보 보고서의 구성을 살펴보자. 보고서는 크게 2가지 영역으로 구분이 되어 있다. 데이터를 시각화해 주는 그래프로 이루어진 ❶번 영역과 측정기준별로 세부수치를 볼 수 있는 ❷번 영역이다. 마케터는 주로 수치를 기반으로 의사결정을 하기에 그래프보다는 수치가 자세히 표현된 영역인 ❷번 영역을 확인하는 경우가 더 많다. 함께 ❷ 번 영역을 자세히 살펴보도록 하자.

▲ 세부정보 표 화면의 구성

세부정보 보고서의 표는 위 이미지와 같이 나눠보면 편하다. ❶번 영역은 현재 보이는 표의 측정기준과 측정기준에 대한 값이 보인다. 이미지를 기준으로 보면 '국가'로 표기된 부분이 현재 설정된 측정기준이고 United States, India 등으로 보이는 국가명은 측정기준의 값이 된다. 기본적으로 제공하는 세부정보 보고서의 측정기준을 변경하려면 현재 설정된 측정기준 옆에 아래 화살표를 클릭하면 된다. 그러면 몇가지 리스트가 보이는데 여기서 보이는 리스트 중 하나를 클릭하면 변경된 측정기준으로 데이터를 확인할 수 있다. 세부정보 보고서에서 보이는 메인 측정기준 리스트는 관리자 권한이 있는 경우 얼마든지 수정할 수 있다.

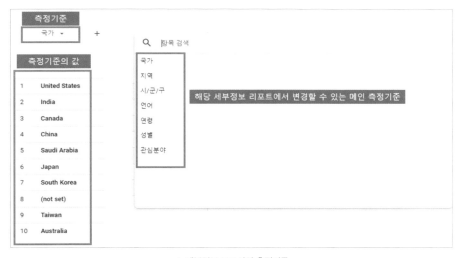

▲ 세부정보 보고서의 측정기준

❷번 영역을 보자. 측정기준의 오른쪽 위치한 '+' 버튼은 보조 측정기준이다. 보조 측정기준은 현재 보고 있는 메인 측정기준을 다른 측정기준으로 한 번 더 쪼개어 데이터를 분할해 주는 역할을 한다. 예를 들어 '연령'과 '성별' 2가지 측정기준으로 데이터를 보아야 하는 상황이라면, 메인 측정기준을 연령으로 두고 보조 측정기준을 성별로 세팅하면 두 개의 측정기준들로 나누어진 데이터를 한눈에 확인할 수 있다.

메인 측정기준	보조 측정기준		사용자	새 사용자 수	참여 세션수	참여율	사용자당 참여 세션수	평균 참여 시간	이벤트 수 모든 이벤트 ▾	주요 이벤트 모든 이벤트 ▾	총 수익
↓ 연령 ▾	성별 ▾	×									
			50,806 총계 대비 100%	44,904 총계 대비 100%	42,528 총계 대비 100%	61.73% 평균과 동일	0.84 평균과 동일	1분 04초 평균과 동일	862,704 총계 대비 100%	80,393.00 총계 대비 100%	$110,947.65 총계 대비 100%
1	unknown	unknown	32,384	30,038	23,628	55.91%	0.73	48초	453,092	39,899.00	$33,517.41
2	18-24	male	3,558	2,790	3,365	69.84%	0.95	1분 32초	70,971	6,918.00	$4,784.62
3	25-34	male	3,460	2,648	3,495	73.91%	1.01	1분 22초	73,718	7,461.00	$9,416.85
4	35-44	male	2,245	1,839	2,308	73.57%	1.03	1분 24초	48,268	5,839.00	$8,045.15
5	18-24	female	1,956	1,488	1,916	64.36%	0.98	1분 22초	41,418	3,454.00	$2,894.00
6	25-34	female	1,766	1,278	1,848	66.12%	1.05	1분 42초	43,749	4,136.00	$16,740.46
7	45-54	male	1,499	1,170	1,559	72.75%	1.04	1분 29초	31,767	3,159.00	$9,020.30
8	unknown	male	1,036	733	998	67.43%	0.96	1분 26초	22,378	2,115.00	$4,106.68
9	unknown	female	1,033	786	934	59.83%	0.90	1분 23초	22,235	2,115.00	$3,910.88
10	35-44	female	884	688	851	63.41%	0.96	1분 45초	21,942	2,221.00	$7,846.50

▲ 보조 측정기준 적용 예시

보조 측정기준은 메인 측정기준과 다르게 GA4의 기본 보고서에서 제공하는 모든 측정기준 중 하나를 선택할 수 있다. 하지만 측정기준에 따라 데이터가 호환되지 않아 특정 조합으로는 내가 보고자 하는 기준으로 데이터가 나타나지 않는 경우도 있다. 측정기준이나 측정항목별로의 데이터 호환성을 파악하기 위해서는 구글이 제공하는 관련 지원 사이트*에서 체크해야 한다.

❸번 영역을 살펴보자. 이 영역에서는 측정항목들이 나열되어 있다. 측정기준별로 사용자는 몇 명이었는지 참여율은 어느 정도였는지 등 구체적인 데이터 항목을 확인할 수 있다. 직관적으로 알 수 있어서 어렵지는 않을 것이다. 그런데 여기서 하나 알아야 할 부분은 '이벤트 수'와 '주요 이벤트' 부분에 있다. 다른 측정항목과 달리 이 두 측정항목에서는 항목 바로 아래 '모든 이벤트'라는 텍스트가 있다.

---

*   관련 지원사이트 URL : https://ga-dev-tools.google/ga4/dimensions-metrics-explorer/

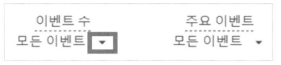

▲ 이벤트 수, 주요 이벤트 측정항목

'모든 이벤트'라 함은 해당 측정항목의 값으로 보이는 숫자가 데모 계정에서 수집되는 모든 이벤트의 총합이라는 것을 뜻한다. 그러면 우리는 이 이벤트들이 어떤 것들인지 알 필요가 있다. '모든 이벤트' 텍스트 옆에 위치한 화살표를 클릭해 보자.

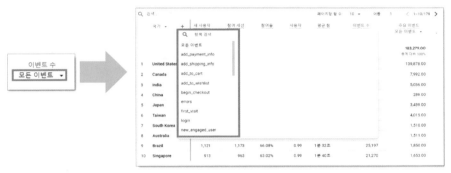

▲ GA4에서 수집되고 있는 이벤트 종류 확인

창이 하나 나타나면서 왼쪽에 리스트가 나열된다. 이 리스트가 현재 데모 계정 GA4에 세팅되어 있는 이벤트들이다. 이 중 내가 원하는 특정 이벤트에 대한 데이터만 보고 싶으면 그 이벤트의 이름을 클릭하면 된다.

만약 add_to_cart라는 이벤트를 선택하면 해당 이벤트 발동 수만 쉽게 확인할 수 있다. 이 방법은 '이벤트 수' 측정항목뿐만 아니라 '주요 이벤트' 측정항목에서도 동일하게 적용된다.

이벤트 수 모든 이벤트 ▾	주요 이벤트 모든 이벤트 ▾
862,704 총계 대비 100%	80,393.00 총계 대비 100%
453,092	39,899.00
70,971	6,918.00
73,718	7,461.00
48,268	5,839.00
41,418	3,454.00
43,749	4,136.00
31,767	3,159.00
22,378	2,115.00
22,235	2,115.00
21,942	2,221.00

이벤트 수 add_to_cart ▾	주요 이벤트 purchase ▾
12,010 총계 대비 1.39%	959.00 총계 대비 1.19%
5,729	366.00
918	72.00
1,142	112.00
960	62.00
511	36.00
652	91.00
519	51.00
361	39.00
347	37.00
378	39.00

▲ 이벤트 관련 측정항목 내 특정 이벤트 선정

❹번 영역은 메인 측정기준을 대상으로 한 검색 기능을 제공한다. 검색한 텍스트의 값만 추출하는 기능이기에 간단한 필터 기능이라고 생각하면 쉽다. 화면에서 직접 실습을 해보자. 메인 측정기준을 '국가'로 두고 보조 측정기준을 '지역'으로 세팅해 보자. 그럼, 아래 이미지처럼 데이터가 나열될 것이다.

	국가 ▾	지역 ▾ ✕	↓ 사용자	새 사용자 수	참여 세션 수	참여율
			59,255 총계 대비 100%	53,224 총계 대비 100%	48,718 총계 대비 100%	52.88% 평균과 동일
1	United States	California	13,009	11,120	14,036	71.28%
2	United States	New York	4,257	3,701	3,956	64.47%
3	Canada	Ontario	2,676	2,291	1,988	44.94%
4	United States	Texas	2,246	1,902	1,549	46.83%
5	United States	Florida	1,849	1,631	1,015	36.84%
6	United States	Virginia	1,634	1,442	1,037	45.42%
7	United States	Washington	1,433	1,152	1,221	57.68%
8	United States	Illinois	1,313	1,093	1,086	53.18%
9	United States	Georgia	1,205	1,024	855	48.17%
10	Canada	Quebec	1,014	854	600	41.52%

▲ 측정기준 설정 예시

만약 이 상황에서 미국에 대한 데이터만 골라서 보고자 할 때, 검색 기능이 요긴하게 활용된다. 메인 측정기준의 값 중 검색 창에 내가 보고자 하는 값을 검색해 보자. 검색창에 'United States'를 입력하고 Enter↵ 를 누르면 아래 이미지와 같이 데이터 표가 변경되는 것을 확인할 수 있다.

	국가 ▾	지역 ▾ ×	↓ 사용자	새 사용자 수	참여 세션수	참여율	사용자당 참여 세션수
			39,474 총계 대비 66.62%	34,671 총계 대비 65.14%	33,350 총계 대비 68.46%	53.82% 평균 대비 +1.77%	0.84 평균 대비 +2.76%
1	United States	California	13,009	11,120	14,036	71.28%	1.08
2	United States	New York	4,257	3,701	3,956	64.47%	0.93
3	United States	Texas	2,246	1,902	1,549	46.83%	0.69
4	United States	Florida	1,849	1,631	1,015	36.84%	0.55
5	United States	Virginia	1,634	1,442	1,037	45.42%	0.63
6	United States	Washington	1,433	1,152	1,221	57.68%	0.85
7	United States	Illinois	1,313	1,093	1,086	53.18%	0.83
8	United States	Georgia	1,205	1,024	855	48.17%	0.71
9	United States	New Jersey	999	822	867	58.07%	0.87
10	United States	Pennsylvania	904	743	548	39.34%	0.61

▲ 검색 기능 활용 예시

❺번 영역은 세부정보 보고서에 출력되는 행(Row)의 수를 관리하는 기능이다. 기본값은 페이지당 10개의 행이 노출되도록 설정되어 있다. 첫 10개 데이터 다음 데이터를 보려면 화살표를 클릭하며 넘기면서 보아야 한다. 많은 행을 한눈에 보아야 하는 상황에서는 여간 불편한 것이 아니다. 이때 페이지당 행 수 옆에 '10'이라고 되어 있는 기본값을 최대값인 '250'으로 변경해 보자. 그러면 최대 250개의 행이 한 화면에 보여지고 스크롤을 내리면서 데이터를 빠르게 확인할 수 있다.

▲ 페이지 당 행 수 조정

구글 애널리틱스 4 보고서 : 기본 보고서 Life cycle 컬렉션

미리 이야기를 하자면 우리가 데모 계정을 통해 학습해야 할 것은 GA4에서 제공하는 보고서 위치나 보고서별 기능이 아니라 GA4에 있는 기능이다. 기본 보고서를 볼 때 내가 보고자 하는 보고서의 위치나 찾고자 하는 측정기준이 어디에 있는지 외울 필요는 없다. 관리자 권한이 있는 GA4 보고서의 경우 내가 원하는 방식으로 보고서를 수정할 수 있기 때문이다.

지금부터 GA4의 '기본 보고서'에서 어떤 데이터를 제공하는지 순차적으로 알아볼 것이다. 우선 데모 계정에서 'Life cycle' 컬렉션을 살펴보자. Life cycle 컬렉션에는 획득, 참여도, 수익 창출 3개의 주제가 포함이 되어 있다. 각각의 주제는 어떤 맥락으로 구분이 되어 있는지, 그리고 어떤 보고서들을 포함하고 있는지 알아보자.

획득

획득에서는 우리 웹이나 앱에 유입한 사용자들이 어떤 루트를 통해 들어왔는지에 대한 정보를 제공한다. 획득 주제는 요약본인 '개요 보고서'와 '사용자 획득'과 '트래픽 획득'이라는 2개의 '세부정보 보고서'로 구성되어 있다. 이 두 보고서는 기본 측정기준이 사용자를 기준으로 구성되어 있는지, 전체 트래픽을 기준으로 구성되어 있는지가 가장 큰 차이이다. '사용자 획득' 보고서부터 알아보자.

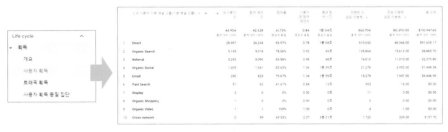

▲ 획득 – 사용자 획득

우리가 보고서를 볼 때 중요하게 파악해야 하는 부분은 해당 보고서의 측정기준과 측정항목이다. 사용자 획득 보고서의 측정기준을 살펴보자. 측정기준에는 사용자별 채널그룹, 소스, 매체, 플랫폼 등으로 나뉘어 있다. 그리고 측정항목에는 '새 사용자', 즉 신규 사용자가 중요 측정항목으로 구성되어 있다. 그리고 '사용자당 참여 세션 수' 와 같은 사용자 관련 측정항목이 배치된 것을 알 수 있다. 여기까지 보고 '트래픽 획득' 보고서로 이동해 보자.

▲ 사용자 획득 보고서에 세팅된 측정기준

'트래픽 획득 보고서'를 보면 '사용자 획득 보고서'와 비슷한데 측정기준과 측정항목이 조금 다르다. 우선 사용자 부분에 보면 신규 사용자와 재사용자가 합쳐진 '사용자'가 메인 측정 항목으로 배치되어 있다. 그리고 세션 수를 보여주면서 우리 사이트에 유입한 전체 트래픽을 파악하기 유리하다. 그래서 신규 사용자가 아닌 전체 사용자의 트래픽 파악을 위해서는 '트래픽 획득 보고서'를 보는 것이 유용하다.

▲ 획득 – 트래픽 획득

그럼, 이 보고서에서 유용한 인사이트를 추출하기 위해서는 어떤 요소를 확인해야 할까? 트래픽 획득 보고서에 접속해 보면 기본적으로 보이는 측정기준은 '기본 채널 그룹'으로 설정되어 있다. 기본채널 그룹은 GA4가 설정한 기준에 맞춰 유입 데이터를 분류한 것이다. 편리할 수 있지만, 그 분류의 기준을 명확하게 알지 못하면 해당 지표에 대해 의미를 부여하기 어렵다.

그래서 대안으로 '소스/매체' 측정기준 활용을 제안한다. 소스/매체는 사용자가 어디에서 유입되는지에 대해 직관적으로 파악할 수 있는 측정기준이다. 네이버 자연 검색으로 유입한 경우에 대해서는 naver/organic, 구글의 광고를 통해 유입된 경우는 google/cpc로 표기된다. 이런 직관적인 표기 덕분에 마케터 입장에서 훨씬 활용도가 높다. 마케터는 주로 소스/매체별로 전환율이 어땠는지, 참여 및 체류시간이 어땠는지 등을 파악한다. 이를 통해 신규 매체에 대한 사용자 트래픽 퀄리티를 파악하거나, 매체별 예산 분배의 판단 기준의 근거로 활용한다.

그렇다면 GA4는 소스/매체 데이터 값을 어떤 원리로 우리에게 보여주는 것일까? 웹 환경의 경우 우리가 인터넷을 사용하면서 A 사이트에서 B 사이트로 이동할 때, B 사이트에서는 A 사이트에서 왔다는 데이터가 함께 유입된다. 이를 레퍼러(Referrer)라고 한다. 레퍼러는 웹 브라우저를 활용해서 인터넷을 서핑할 때, 방문한 사이트에 남겨지는 일종의 발자국이라고 보면 된다. 레퍼러 데이터는 웹 브라우저의 개발자 도구에서 쉽게 확인이 가능하다. 크롬의 경우, 웹 브라우저에서 F12를 누르면 개발자 도구에 접근이 가능하다. 맥을 쓰는 사용자는 ⌘ + Alt + I 단축키를 활용하면 된다. 개발자 도구에 접속한 뒤 Console 탭에 들어가서 document.referrer라고 입력해 보자.

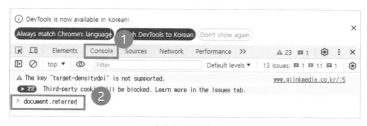

▲ 레퍼러 데이터 확인

그러면 내가 어디를 통해서 사이트에 방문했는지 그 값이 보인다. 아래 이미지로 달라지는 데이터를 확인해 보자. 필자는 현재 재직 중인 회사 홈페이지로의 유입 데이터를 확인해 보았다. 특정 사이트에 네이버 검색을 통해 유입하였을 때와 구글 검색을 통해 유입하였을 때, 최종적으로 방문한 URL은 동일하지만, 다른 레퍼러 데 이터가 남겨지게 된다.

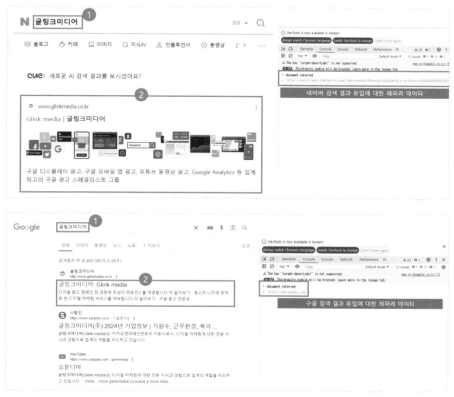

▲ 검색 엔진에 따라 달라지는 레퍼러 데이터

GA4에서는 이렇게 레퍼러 정보를 활용하여 일차적으로 유입 정보를 수집하게 된다. 사이트마다 본인들의 레퍼러 데이터를 보내는 방식이 모두 다르다. 단적인 예로 위 이미지를 자세히 보면 네이버 검색 관련 레퍼러 값은 긴 텍스트 URL을 담 고 있는 반면, 구글 검색을 통한 레퍼러 데이터는 www.google.com으로 굉장히 간단한 텍스트 값이 보인다. 그래서 어떤 사이트를 통해 들어오면 레퍼러에 많은 데이터가 담겨 있고 반대로 아닌 경우도 생긴다. 이러한 차이는 사이트별 정책으로 인해 발생한다. 마케터들은 사이트별 차이를 극복하기 위해 UTM 파라미터를 활용한다. UTM 파라미터를 활용하면 마케터가 의도한 텍스트로 GA4 소스/매체 데이터를 수집할 수 있다. 활용하는 방식도 어렵지 않아서 마케터가 많이 활용하는 기능 중 하나이다. UTM 파라미터 관련해서는 뒤에서 별도의 섹션으로 다루도록 하겠다.

참여도

참여도는 우리 웹사이트나 앱에 유입한 사용자가 어떤 행동을 했는지에 대한 데이터를 보여 준다. 참여도 주제 안에는 이벤트, 페이지 및 화면, 방문 페이지 세부정보 보고서가 있다. 이벤트 보고서부터 하나씩 살펴보자.

▲ 이벤트 세부정보 보고서

이벤트 보고서는 GA4에 유입되는 이벤트 데이터에 대한 세부정보를 보여 준다. 보고서 내용을 보면 이벤트 이름이 이벤트 수의 내림차순으로 나열되어 있고, 각 이벤트가 기간 동안 총 얼마나 발생했는지 등의 데이터가 직관적으로 표시된다. 각 이벤트 이름은 클릭을 통해 세부정보를 확인할 수 있다. 원하는 이벤트를 클릭하면 해당 이벤트 이름과 매개변수 관련 데이터가 시각화된 카드들로 보인다.

구글 애널리틱스 4를 활용한 디지털 마케팅 wirh 챗GPT

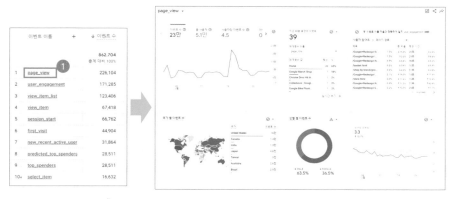

▲ 이벤트 세부정보 보고서

이 카드 데이터는 임의로 생성할 수 없고, 추천 이벤트명으로 이벤트를 생성했을 경우 자동으로 매칭되는 구조로 이루어져 있다. 이 보고서는 이벤트 데이터를 보다 자세하게 확인하는 데 활용할 수 있지만, 마케터들에게는 다른 보고서에서 '측정항목'으로 이벤트 수를 활용하는 방식으로 더 많이 사용된다.

페이지 및 화면 세부정보 보고서는 사용자들이 어떤 화면을 많이 조회했는지에 대한 정보를 제공한다. 이 보고서에서 제공하는 측정기준은 페이지 제목, 페이지 경로, 화면 클래스, 화면 이름, 콘텐츠 그룹 이렇게 5가지가 있다. 이 측정기준 옆으로는 해당 페이지가 몇 번이나 조회되었는지, 그 사용자는 몇 명이었는지 등의 데이터가 보인다. 페이지 및 화면 보고서는 사용자들이 방문한 페이지에 대한 정보를 기준으로 데이터를 출력해 주는 것이 핵심이다. 그럼, 해당 보고서에서 제공하는 측정기준들과 그 의미를 파악해 보자.

▲ 페이지 및 화면 세부정보 보고서

1. 페이지 제목(Page Title)

HTML의 〈title〉 태그에 설정된 데이터 값을 출력한다. 예를 들어, 인터넷 브라우저에서 네이버 홈페이지에 접속하면 브라우저 상단 탭에 현재 보고 있는 페이지가 무엇인지를 보여 주는 텍스트가 보인다. 이 텍스트가 바로 페이지 제목이다.

▲ 페이지 제목

〈title〉 태그는 보고 있는 페이지의 '페이지 소스 보기' 기능을 통해 확인할 수 있다. 크롬에서 페이지 소스를 보기 위한 단축키는 Ctrl + U이다. '페이지 소스 보기' 창에 들어가면 조금 복잡해 보이는 영어 알파벳들이 나열된 것을 확인할 수 있다.

이 알파벳들로 표현된 태그를 활용하여 지금 우리가 보고 있는 홈페이지가 구현된 것인데, 이 많은 태그 중에서 '페이지 제목'을 정의하는 부분은 〈title〉 태그로 표현된다. 해당 페이지에서 〈title〉이 어떻게 구현되어 있는지를 확인하려면 '페이지 소스 보기' 화면 내에서 찾기 단축키(Ctrl + F)를 눌러 〈title〉을 검색하면 직관적으로 확인이 가능하다.

▲ 네이버 웹페이지 메인 화면에서 Title 태그 확인

2. 페이지 경로(Page path)

페이지 경로는 웹 환경에서 현재 보고 있는 화면의 주소라고 생각하면 된다. 예를 들어 사용자가 'www.naver.com/news?theme=1' URL을 방문하는 경우, 'naver.com'

이 도메인이고 '/news'가 페이지 경로이며 '?theme=1' 부분이 쿼리 문자열이다. 이
예에서 페이지 경로는 '/news'가 된다. 페이지 경로는 얼핏 보면 URL과 비슷하지만,
보다 함축적인 정보만 제공한다. 페이지 경로와 URL의 차이는 아래와 같다.

- **페이지 경로** : 호스트 이름을 제외한 모든 스트링(문자) 값
- **페이지 URL** : 프레그먼트(#)를 제외한 모든 값

Page Path	URL	string	'/product/detail.html'
Page URL	URL	string	'https://▇▇▇▇/product/detail.html?product_no=50&cate_no=68&' + 'display_group=1'

▲ '페이지 경로'와 '페이지 URL' 값의 차이

3. 화면 클래스, 화면 이름

이 두 지표는 '앱' 관련 데이터를 추적한다. '화면 클래스'는 현재 포커스가 있는
UIViewController(iOS 환경) 또는 Activity(Android 환경)의 클래스 이름을 가져온다.
'화면 이름'은 Firebase를 사용하여 화면에 설정한 이름에서 데이터값을 추출한다.

4. 콘텐츠 그룹

콘텐츠 그룹을 사용하면 페이지와 화면을 맞춤 그룹으로 분류할 수 있다. 맞춤 그
룹을 사용하면 관련 정보 그룹에 대한 통합된 데이터를 볼 수 있다. 예를 들어 의류 판
매를 하는 경우, 다양한 의류를 남성 의류, 여성 의류, 아동 의류로 구분하여 그룹별
데이터 차이를 확인할 수 있다.

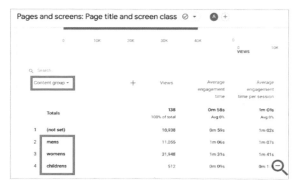

▲ 콘텐츠 그룹 / 출처 : 구글 고객센터

콘텐츠 그룹은 GA4에서 자체적으로 설정할 수 없으며, content_group이라는 매개
변수를 활용하여 추가 태깅 작업을 통해 활용할 수 있다. 콘텐츠 그룹을 만드는 방법
은 Google Tag Manager 챕터 이후에 다시 설명하겠다. 그럼, 마지막으로 방문 페이
지 보고서를 살펴보자.

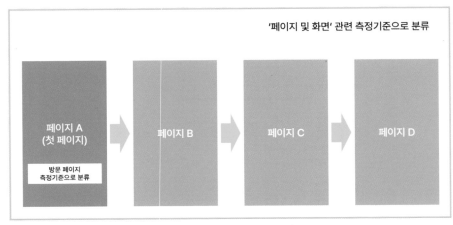

▲ 방문 페이지 세부정보 보고서

방문 페이지 보고서에서 '방문 페이지'는 영어 Landing Page이다. 이 보고서는 사용
자가 접속한 첫 화면에 대한 정보만을 알려 주는 보고서이다. 예를 들어 어떤 사용자
가 우리 사이트에 접속할 때 A 페이지로 접속하고 이어서 B, C, D 페이지를 방문하였
다면, 앞서 학습한 '페이지 및 화면' 세부정보 보고서에는 해당 페이지들에 대한 데이
터가 모두 수집되지만, '방문 페이지' 세부정보 보고서에는 A 페이지에 대한 데이터만
집계된다.

'페이지 및 화면' 관련 측정기준으로 분류

페이지 A
(첫 페이지)

방문 페이지
측정기준으로 분류

페이지 B

페이지 C

페이지 D

▲ 세부정보 보고서별 페이지 분류 기준

방문 페이지 보고서는 마케터 입장에서 방문 페이지별 효율을 비교하는 데 유용하게 활용할 수 있는 보고서이다. 예를 들어, 디지털 마케팅을 하는 상황에서 동일한 소재를 광고로 세팅하되 방문 페이지를 메인 페이지, 카테고리 페이지, 제품 상세페이지로 분리해 두면, 어떤 방문 페이지로 사용자를 보냈을 때 상대적으로 높은 전환율을 획득했는지 직관적으로 확인할 수 있다. 이 결과를 바탕으로 다음 마케팅에서는 주된 방문 페이지를 어떤 것으로 설정할지에 대한 인사이트를 얻을 수 있다.

수익 창출

수익 창출 주제는 전자상거래와 같은 수익과 관련된 추천 이벤트 데이터를 기반으로 다양한 형태의 보고서를 출력해 준다. 여기서 주의할 점은 구글의 추천 이벤트 가이드에 맞는 이벤트 및 매개변수 이름을 사용해야 세부정보 보고서가 정상적으로 보인다는 것이다. 다시 말해, 구글 가이드에 맞지 않는 형태로 이름을 입력하면 수익창출 보고서는 아무리 시간이 지나도 활성화되지 않는다. 구글 애널리틱스에서 공식적으로 제공하는 이벤트별 가이드는 아래 URL[*]을 참고하면 된다.

구글 개발자 사이트에는 이벤트별로 세팅하고자 하는 방식에 따라 예시 태그와 함께 상세한 가이드를 제공한다. 설치하고자 하는 이벤트 태그에 대한 가이드를 확인해 보자. 가이드 페이지를 보면 웹에 직접 설치하는 방법과 구글 태그 매니저를 활용해 설치하는 방법이 구분되어 있다. 해당 가이드를 확인하여 각자의 상황에 맞춰 이벤트 세팅을 완료하자.

---

[*] 이벤트별 가이드 URL: https://developers.google.com/analytics/devguides/collection/ga4/reference/events?hl=en&client_type=gtag

직접 설치용 예시	GTM용 예시

```
gtag("event", "add_payment_info", {
  currency: "USD",
  value: 30.03,
  coupon: "SUMMER_FUN",
  payment_type: "Credit Card",
  items: [
    {
      item_id: "SKU_12345",
      item_name: "Stan and Friends Tee",
      affiliation: "Google Merchandise Store",
      coupon: "SUMMER_FUN",
      discount: 2.22,
      index: 0,
      item_brand: "Google",
      item_category: "Apparel",
      item_category2: "Adult",
      item_category3: "Shirts",
      item_category4: "Crew",
      item_category5: "Short sleeve",
      item_list_id: "related_products",
      item_list_name: "Related Products",
      item_variant: "green",
      location_id: "ChIJIQBpAG2ahYAR_6128GcTUEo",
      price: 10.01,
      quantity: 3
    }
  ]
});
```

```
dataLayer.push({ ecommerce: null });  // Clear the previous ecommerce object.
dataLayer.push({
  event: "add_payment_info",
  ecommerce: {
    currency: "USD",
    value: 30.03,
    coupon: "SUMMER_FUN",
    payment_type: "Credit Card",
    items: [
      {
        item_id: "SKU_12345",
        item_name: "Stan and Friends Tee",
        affiliation: "Google Merchandise Store",
        coupon: "SUMMER_FUN",
        discount: 2.22,
        index: 0,
        item_brand: "Google",
        item_category: "Apparel",
        item_category2: "Adult",
        item_category3: "Shirts",
        item_category4: "Crew",
        item_category5: "Short sleeve",
        item_list_id: "related_products",
        item_list_name: "Related Products",
        item_variant: "green",
        location_id: "ChIJIQBpAG2ahYAR_6128GcTUEo",
        price: 10.01,
        quantity: 3
      }
    ]
  }
});
```

▲ 이벤트 설치 방식에 따른 예시

그럼 '전자상거래 구매' 상세 보고서를 함께 살펴보자. 전자상거래 구매 보고서는 우리 플랫폼에서 판매된 제품을 기준으로 이 제품이 얼마나 조회되었는지, 얼마나 장바구니에 추가되었는지 등의 커머스 데이터를 볼 수 있는 보고서이다. 여기서 보이는 측정 항목은 조회된 상품, 장바구니에 추가된 상품, 구매한 상품, 상품 수익으로 구분되는데, 이 항목들은 각각 전자상거래에서 세팅한 view_item, add_to_cart, purchase 이벤트 수를 기반으로 한다. 상품 수익은 purchase 이벤트 안에 value라는 매개변수의 데이터가 수집된다.

	항목 이름	+	↓ 조회된 상품	장바구니에 추가된 상품	구매한 상품	상품 수익
			67,418 총계 대비 100%	138,893 총계 대비 100%	11,499 총계 대비 100%	$110,947.65 총계 대비 100%
1	Android Classic Collectible		8,342	2,492	182	$2,803.20
2	Chrome Dino Warm and Cozy Accessory Pack		3,051	395	46	$546.00
3	Super G Timbuk2 Recycled Backpack		2,026	162	21	$2,150.00
4	Google Campus Bike		1,975	134	23	$1,111.00
5	Hello Android Black Tee		1,893	158	14	$358.40
6	Google Sensory Support Event Kit		1,556	35	9	$461.25
7	Google Canyonlands Sweatshirt		1,202	374	27	$1,504.20
8	Chrome Dino Collectible Figurines		1,164	124	25	$654.00
9	Google RIPL Forest Green Bottle		1,023	123	4	$176.00
10	Google Year of the Dragon Notebook		769	273	67	$1,227.60

▲ 전자상거래 구매 세부정보 보고서

이어서 전자상거래 보고서의 측정기준에 대해서도 알아보자. 기본 측정기준으로 '항목 이름'이 세팅되어 있다. 여기서 '항목 이름'을 보면 값으로 '제품명'이 노출된다는 것을 알 수 있다.

그럼, 전자상거래 보고서에서 이 제품명 데이터는 어떻게 들어오게 되는 것일까? 원리는 간단하다. 구글 개발자 가이드에서 전자상거래 관련 이벤트 태그 가이드를 보면 이벤트마다 'item' 항목이 있는 것을 알 수 있다. item 매개변수 하위에도 많은 매개변수가 포함되어 있다. 그중 'item_name'이라는 매개변수가 보인다. 여기는 사용자가 보는 item의 이름을 수집이 되도록 권장하고 있다. item_name의 값으로 유입되는 데이터가 자동으로 '항목 이름' 측정기준 데이터로 가지고온다. 여기서 만약 매개변수를 item_name이 아니라 product_name처럼 내가 원하는 방식으로 매개변수 이름을 설정했다면 해당 데이터는 전자상거래 보고서에 연동되지 않는다.

Item parameters

Name	Type	Required	Example value	Description
item_id	string	Yes*	SKU_12345	The ID of the item.
				*One of item_id or item_name is required.
item_name	string	Yes*	Stan and Friends Tee	The name of the item.
				*One of item_id or item_name is required.
affiliation	string	No	Google Store	A product affiliation to designate a supplying company or brick and mortar store location. Note: `affiliation` is only available at the item-scope.
coupon	string	No	SUMMER_FUN	The coupon name/code associated with the item. Event-level and item-level coupon parameters are independent.
discount	number	No	2.22	The unit monetary discount value associated with the item.
index	number	No	5	The index/position of the item in a list.
item_brand	string	No	Google	The brand of the item.
item_category	string	No	Apparel	The category of the item. If used as part of a category hierarchy or taxonomy then this will be the first category.
item_category2	string	No	Adult	The second category hierarchy or additional taxonomy for the item.
item_category3	string	No	Shirts	The third category hierarchy or additional taxonomy for the item.
item_category4	string	No	Crew	The fourth category hierarchy or additional taxonomy for the item.

▲ 전자상거래 관련 이벤트 매개변수

전자상거래 구매 보고서에서 제공하는 다른 측정기준들도 동일한 원리로 작동한다. 예를 들어, '항목 이름' 외에도 '항목 ID', '항목 카테고리', '항목 대안', '브랜드' 등의 기준이 나열되어 있으며, 이들 역시 item 하위 매개변수 데이터와 연동되어 자동으로 채워진다.

상품 브랜드	item_brand	string	No	Google
항목 카테고리	item_category	string	No	Apparel
	item_category2	string	No	Adult
	item_category3	string	No	Shirts
	item_category4	string	No	Crew
	item_category5	string	No	Short sleeve
	item_list_id	string	No	related_products
	item_list_name	string	No	Related products
항목 대안	item_variant	string	No	green

▲ 전자상거래 구매 보고서 측정기준별 매칭 매개변수

    수익 창출 주제 하위의 다른 보고서들도 비슷한 원리로 작동한다. 구매 여정 보고서는 측정 항목별로 해당 이벤트를 발생시킨 사용자 수를 집계하여 유입 경로를 시각화해 주는 보고서이다. 여기서는 '세션 시작(session_start)', '제품 보기(view_item)', '장바구니에 추가(add_to_cart)', '결제 시작(begin_checkout)', '구매(purchase)' 등의 이벤트 데이터를 기반으로 데이터가 수집된다. '결제 여정 보고서' 또한 유사한 원리로 작동하며, '결제 시작(begin_checkout)', '배송 추가(add_shipping_info)', '결제 추가(add_payment_info)', '구매(purchase)' 등의 데이터를 수집하고 시각화한다.

기기 카테고리 ▼	↓ 1. 세션 시작 (사용자 수)	2. 제품 보기 (사용자 수)	3. 장바구니에 추가 (사용자 수)	4. 결제 시작 (사용자 수)	5. 구매 (사용자 수)
	49,166 총계 대비 100%	20,738 총계 대비 100%	4,388 총계 대비 100%	1,540 총계 대비 100%	773 총계 대비 100%
1 mobile	26,427	9,381	1,841	465	153
2 desktop	20,171	10,922	2,500	1,065	617
3 tablet	2,518	330	47	10	3
4 smart tv	4	2	0	0	0

결제 여정 리포트

기기 카테고리 ▼	↓ 1. 결제 시작 (사용자 수)	2. 배송 추가 (사용자 수)	3. 결제 추가 (사용자 수)	4. 구매 (사용자 수)
	1,779 총계 대비 100%	1,406 총계 대비 100%	1,340 총계 대비 100%	865 총계 대비 100%
1 desktop	1,200	998	959	677
2 mobile	568	402	373	186
3 tablet	11	8	8	2

▲ 구매 여정 보고서와 결제 여정 보고서

프로모션 보고서는 view_promotion 이벤트의 데이터를 기반으로 상품 조회수 데이터를 수집한다. 이 이벤트의 하위 매개변수로는 '상품 프로모션 이름(promotion_name)', '상품 프로모션 ID(promotion_id)', '상품 프로모션 광고 소재 이름(creative_name)' 등이 있으며, 이들 매개변수의 데이터를 측정기준값으로 활용한다. 앞서 설명한 전자상거래 구매 세부정보 보고서와 원리가 비슷하기 때문에 매개변수 데이터의 자세한 사항은 구글 애널리틱스 개발자 가이드[*]를 참고하자.

상품 프로모션 이름 ▼ ＋	↓ 프로모션에서 조회된 상품	프로모션에서 클릭된 상품	상품 프로모션 클릭률	장바구니에 추가된 상품	결제된 상품	구매한 상품	상품 수익
	84 총계 대비 100%	1 총계 대비 100%	11.11% 평균과 동일	138,893 총계 대비 100%	37,145 총계 대비 100%	11,499 총계 대비 100%	$110,947.65 총계 대비 100%
1 dress	20	0	0%	0	0	0	$0.00
2 colors of the season	16	0	0%	0	0	0	$0.00
3 calling all youtube fans	14	0	0%	0	0	0	$0.00
4 magnetic personality	12	0	0%	0	0	0	$0.00
5 sip, sip, hooray!	8	1	20%	0	0	0	$0.00
6 happy pets ahead	6	0	0%	0	0	0	$0.00
7	2	0	0%	0	0	0	$0.00
8 adventure awaits	2	0	0%	0	0	0	$0.00
9 send a smile	2	0	0%	0	0	0	$0.00
10 show your pride	2	0	0%	0	0	0	$0.00

▲ 프로모션 보고서

수익 창출 주제의 데이터는 GA4에 사전에 정해진 이벤트와 매개변수 이름에 따라 구현된다. 따라서 구글의 추천 이벤트를 가이드에 맞게 구현했는지 여부에 따라 해당 보고서들을 제대로 사용할 수 있는지가 결정된다. 이커머스 관련 데이터를 분석하는 마케터들은 GA4 이벤트 세팅 전에 추천 이벤트 리스트를 확인하고, 이를 구현하기 위한 내부 논의를 철저히 진행해야 할 것이다.

---

[*] 구글 애널리틱스 개발자 가이드 URL: https://developers.google.com/analytics/devguides/collection/ga4/reference/events?hl=en&client_type=gtag#view_promotion

구글 애널리틱스 4 보고서 : 기본 보고서 사용자 컬렉션

사이트에 유입한 사람들의 유입 및 행동 데이터를 분석하는 컬렉션이 'Life cycle'이라면, 사용자 컬렉션은 우리 웹사이트나 앱에 유입한 사용자 데이터를 더 정교하게 살펴보기 위한 측정기준으로 구성되어 있다. 사용자 컬렉션 하위에는 '사용자 속성'과 '기술' 이렇게 두 가지 주제가 있다. 주제별로 어떤 보고서들이 있는지 알아보자.

사용자 속성

사용자 속성에 대한 첫 번째 보고서는 '인구통계 세부정보'이다. 이 보고서는 웹사이트나 앱에 접속한 사용자들의 연령, 성별, 접속 지역, 관심 분야 등의 정보를 제공한다.

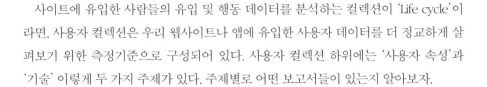

국가	사용자	새 사용자 수	참여 세션 수	참여율	사용자 당 참여 세션수	평균 참여 시간	이벤트 수 모든 이벤트	주요 이벤트 모든 이벤트	총 수익
	9,720	35,405	25,676	46.52%	0.65	32초	468,332	27,886.00	$39,274.93
	총계 대비 100%	총계 대비 100%	총계 대비 100%	평균과 동일	평균과 동일	평균과 동일	총계 대비 100%	총계 대비 100%	총계 대비 100%
1	26,534	23,399	16,536	45.23%	0.62	33초	324,643	18,852.00	$36,997.73
2	3,019	2,802	1,570	35.68%	0.52	22초	29,634	1,401.00	$245.20
3	2,410	2,192	1,948	63.51%	0.81	32초	28,734	1,986.00	$0.00
4	China	909	888	337	35.4%	0.37	10초	4,676	74.00	$716.80
5	Japan	594	509	447	53.09%	0.75	47초	8,026	387.00	$0.00
6	(not set)	551	548	241	43.04%	0.44	2초	2,419	243.00	$72.80
7	South Korea	548	454	434	49.43%	0.79	48초	7,279	388.00	$0.00
8	Saudi Arabia	427	421	214	46.83%	0.50	5초	2,726	162.00	$0.00
9	Taiwan	393	327	315	57.69%	0.80	1분 03초	6,469	518.00	$95.20
10	Australia	327	306	240	55.3%	0.73	37초	4,116	332.00	$331.20

▲ 인구통계 세부정보 데이터

사이트에서 나이, 성별, 관심 분야와 같은 데이터는 구글 신호 데이터를 활성화한 사용자로부터 제공된다. 구글 신호 데이터는 구글 계정에 로그인한 사용자 및 광고 개인 최적화를 사용 설정한 사용자와 연결된 웹사이트 및 앱의 세션 데이터에 대한 액세스를 제공하는 기능이다. 신호 데이터를 활성화하면 광고 개인 최적화를 사용 설정한 구글 계정 사용자로부터 수집된 이벤트 데이터를 연결하여 인구통계 및 관심 분야 데이터를 수집하게 된다. 앱 환경에서는 Android 광고 식별자(ADID) 또는 iOS 광고 식별자(IDFA)로 식별한다.

두 번째 보고서는 '잠재고객'이다. 이 보고서는 GA4에서 설정한 '잠재고객 목록'을 측정기준으로 데이터를 세분화하는 보고서이다. 잠재고객은 GA4 관리 탭에서 원하는 조건의 행동을 완료한 사용자를 하나의 집단으로 분류할 수 있는 기능이다. 예를 들어, 구매 행위를 완료한 사용자, 장바구니 액션을 수행한 사용자, 최근 30일 내 접속한 사용자 등을 잠재고객 기능을 통해 그룹화하여, 그룹별로 사용자 수, 세션당 조회 수, 평균 세션 시간 등의 효율을 비교할 수 있다.

	잠재고객 이름	+	↓ 사용자	새 사용자 수	세션수	세션당 조회수	평균 세션 시간	총 수익
			59,255 총계 대비 100%	142,093 총계 대비 100%	92,124 총계 대비 100%	13.58 평균과 동일	13분 10초 평균과 동일	$903,764.14 총계 대비 100%
1	All Users		59,255	53,224	92,124	3.26	3분 08초	$176,820.71
2	Non-purchasers		59,255	53,224	92,124	3.26	3분 08초	$2,072.09
3	Recently active users		31,949	26,273	50,706	4.36	4분 31초	$176,113.93
4	Engaged Users		13,437	8,093	29,921	7.17	6분 20초	$176,408.20
5	Likely 7-day purchasers		4,408	25	13,046	4.52	4분 55초	$92,718.46
6	Added to cart & no purchase		4,208	21	8,095	8.88	7분 48초	$60.35
7	Predicted 28-day top spenders		2,165	27	6,710	3.90	4분 23초	$34,306.47
8	Top spenders: Top 5% of users		2,165	27	6,710	3.90	4분 23초	$34,306.47
9	Users in San Francisco		1,555	1,175	2,502	4.53	3분 48초	$8,462.45
10	Purchasers		1,259	2	2,648	3.91	4분 04초	$176,820.71

▲ 잠재고객 보고서

사용자 속성 주제에 있는 데이터는 보고서 자료 뿐만 아니라 디지털 광고 운영 시 타겟팅 그룹 설정의 힌트로도 활용할 수 있다. 잠재고객의 경우, 힌트를 넘어 해당 그룹을 대상으로 직접 디지털 광고 송출도 가능하다. 자세한 방법은 뒤에서 배울 구글의 광고 마케팅 툴 Google Ads 챕터에서 자세히 설명하겠다.

기술

기술 세부정보 보고서는 사용자들이 어떤 환경에서 우리 웹사이트나 앱을 조회했는지를 보여준다. 예를 들어, 우리 사이트에 방문한 사용자들이 크롬 브라우저를 많이 사용했는지, 아니면 사파리(Safari)나 엣지(Edge) 브라우저를 통해 들어온 경우가 많았는지 파악할 수 있다. 또한, 사용자들이 데스크톱을 통해 유입했는지 모바일을 통해 유입했는지를 알 수 있는 기기 카테고리 데이터도 제공한다. 그 외에도 운영체제, 화면 해상도 등 다양한 기술적 기준에서의 데이터 조회가 가능하다.

Q   항목 검색
브라우저
기기 카테고리
기기 모델
화면 해상도
앱 버전
플랫폼
OS 버전
플랫폼 / 기기 카테고리
운영체제
OS 및 버전

▲ 기술 세부정보 보고서의 측정항목

구글 애널리틱스 4 보고서 : 탐색 분석의 구조

　GA4에는 기본 보고서 외에도 나에게 필요한 상황에 맞춰 더 디테일한 보고서를 확인할 수 있는 '탐색'이라는 기능이 있다. GA4의 기본 보고서가 주요 비즈니스 측정항목을 모니터링하는 데 도움이 되는 기능이라면, 탐색 기능에서 제공하는 보고서들은 GA4에서 사용할 수 있는 모든 시각화 방식을 활용하여 데이터를 확인할 수 있다. 탐색 보고서를 사용하면 기본 보고서에서 사용할 수 없는 측정기준 및 측정항목 데이터에도 접근할 수 있다. GA4를 사용하려는 마케터들에게 탐색 보고서는 필수적으로 알아야 하는 기능이다.

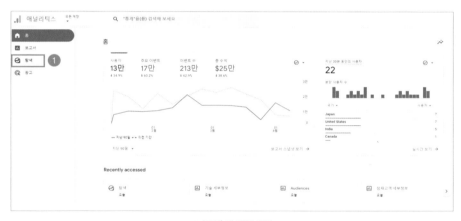

▲ '탐색' 탭 접근 방법

　그럼, 탐색 보고서에 접근해 보자. 탐색 보고서에 접근하려면 GA4에 접속 후 왼쪽 사이드바에서 '탐색' 메뉴를 클릭하면 된다. 탐색 메뉴에 접속하면 다음과 같은 화면이 나타난다. 상단에 보면 '비어 있음' 옵션과 다양한 보고서 표현 방식이 나열되어 있다. 중단에는 GA4 데모 계정 관리자들이 공유한 보고서들이 보인다. 여기에서 전체 구조를 파악하기 위해 상단에 위치한 '비어 있음'을 클릭해 보자.

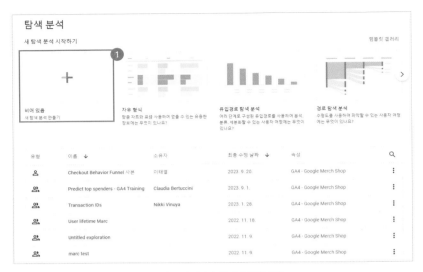

▲ 탐색 분석 화면에서 '비어 있음' 클릭

'비어 있음'을 클릭하면 아래와 같이 세 가지 영역으로 구성된 화면이 나타난다. 이 화면에서 우리가 원하는 형태로 보고서를 만들 수 있다. 그럼, 각 영역에 대해 상세히 알아보자.

▲ 새 탐색 문서 만들기 화면의 구성

❶번 영역은 '변수' 영역이다. 탐색 탭의 분석 기능에서 사용할 수 있는 측정기준, 측정항목, 세그먼트 등을 이곳에서 생성하게 된다. 또한, 우리가 보고자 하는 데이터의 범위도 변수 영역에서 변경할 수 있다.

❷번 영역은 '탭 설정' 영역이다. '변수' 영역에서 가져온 항목들을 기반으로 보고서를 만드는 곳이다. 변수 영역에서 가져온 데이터를 바탕으로 측정기준이나 측정 항목을 어떻게 구성할지를 설정한다. 또한, 이 영역에서는 보고서를 어떤 기법으로 표현할지 선택할 수 있다. 탭 설정에서 세팅할 수 있는 기법은 총 7가지가 있다.

- **자유형식 탐색 분석** : 데이터를 익숙한 테이블 형태로 출력되는 보고서이다. 막대 그래프, 원형 차트, 선 차트, 분산형 차트, 지역 지도 등 다양한 시각화 스타일을 적용할 수 있다.
- **동질 집단 탐색 분석** : 공통된 특징을 가진 사용자 그룹의 행동과 실적에서 유용한 정보를 얻을 수 있는 보고서이다.
- **유입경로 탐색 분석** : 퍼널 형태로 시각화하여 사용자가 사이트 또는 앱에서 작업을 처리하기 위해 취하는 조치를 시각적으로 볼 수 있다. 이를 통해 사용자 경험을 최적화하고 실적이 우수한 또는 저조한 잠재고객을 파악하는 방법을 확인할 수 있다.
- **세그먼트 중복 분석** : 다양한 사용자 세그먼트 간의 관계를 확인할 수 있는 보고서이다.
- **경로 탐색 분석** : 사용자가 웹사이트 및 앱과 상호작용을 할 때 사용하는 경로를 시각적으로 확인할 수 있는 보고서이다.
- **사용자 전체 기간** : 전체 기간에 걸쳐 고객의 가치 및 사용자 행동을 분석하는 보고서이다.
- **사용자 탐색 분석** : 세그먼트를 구성하는 사용자를 검토할 수 있는 보고서이다.

기법별 자세한 세팅 방법은 뒤에서 자세히 알아보겠다. 우선 전체적인 구성을 이어서 알아보자.

마지막 ❸번 영역은 '캔버스' 영역으로, 선택한 기법이 사용된 데이터가 표시된다. 캔버스에는 여러 개의 탭을 설정할 수 있어 하나의 탐색 분석에 여러 기법을 동시에 저장할 수 있다. 이는 마치 하나의 엑셀 파일에 여러 개의 탭을 만들어 시트별로 데이터를 구분할 수 있는 것과 유사한 원리이다.

구글 애널리틱스 4 보고서 : 탐색 분석 보고서 세팅하기 1

탐색 분석의 구성을 이해했다면 본격적으로 세팅 실습을 진행해 보자. 이 책에서는 우리가 지금까지 함께 보아왔던 데모 계정을 기준으로 진행할 예정이다. 데모 계정에서 세팅해 볼 수 있는 기법은 '자유형식, 동질 집단 탐색 분석, 유입경로 탐색 분석, 세그먼트 중복 분석, 경로 탐색 분석, 사용자 전체 기간' 이렇게 총 6가지이다. 해당 순서대로 하나씩 세팅을 진행해 보자. 앞서 설명한 내용을 참고하여 우선 탐색 탭에서 '비어 있음'을 클릭한 뒤 '탭 설정' 섹션에서 '기법'을 하나씩 선택해 보면서 필요한 세팅 요소를 설명하겠다. 우선 '비어 있음'을 클릭해서 하나씩 순서대로 따라 해보자.

자유형식

자유형식을 이용하는 방법은 크게 두 가지 단계로 구분된다. 첫 번째 단계는 변수 탭에서 사용할 것 같은 세그먼트, 측정기준, 측정항목을 가져오는 것이다. 두 번째 단계는 '탭 설정' 단계에서 변수 탭에서 가져온 것들을 의도한 방식에 맞게 '세그먼트 비교, 행, 열, 값'에 배치하는 것이다. '행, 열'에는 측정기준을, '값'에는 측정항목을 배치할 수 있다.

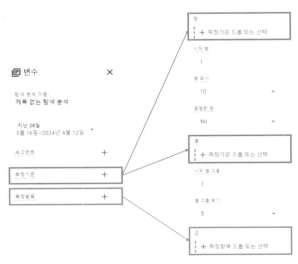

▲ 자유형식 보고서 세팅의 기본 방법 : 측정기준, 측정항목 배치

우선 변수 탭의 측정기준과 측정항목을 하나씩 클릭해 보자. 그러면 300여 개의 측정기준과 170여 개의 측정항목이 리스트업 되어 있는 것을 확인할 수 있다. 여기서 필요한 항목들을 선택하면 된다. 필자는 측정기준에서 '국가, 지역, 기기 카테고리'를, 측정항목에서는 '세션 수, 총 사용자 수, 참여율'을 선택해 보았다. 원하는 항목을 찾기 어렵다면 검색 탭에서 키워드를 직접 입력하면 빠르게 찾을 수 있다.

▲ 변수 탭에서 측정기준 선택

원하는 항목들을 모두 선택했다면 오른쪽 상단의 '가져오기' 버튼을 클릭하자. 그러면 변수 탭에 선택한 측정기준과 측정항목이 나열된 것을 확인할 수 있다. 이제 '탭 설정'에서 가져온 데이터를 배치해 보자.

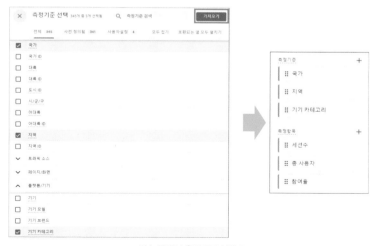

▲ 변수 탭에서 측정기준 선택 2

탭 설정에서 첫 번째로 보이는 항목은 시각화이다. 선택할 수 있는 시각화 방법은 표, 도넛 차트, 선 차트, 분산형 차트, 막대 그래프, 지역 지도 등 6가지가 있다.

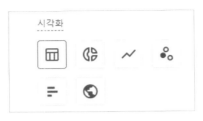

▲ 자유형식 : 시각화 도구

기본값으로 표 형태가 설정되어 있는데, 다른 시각화 도구들은 엑셀이나 파워포인트 등에서 구현하는 것이 더 용이하다. 그래서 자유형식에서 마케터들이 가장 많이 사용하는 표 형태를 위주로 설명을 이어가겠다.

시각화 도구 아래에는 '행' 관련 항목들이 있다. 행에 변수 탭에서 가져온 측정기준 중 하나를 임의로 배치해 보자. 배치하는 방법은 변수 탭의 측정항목을 드래그앤드롭 하거나 측정기준 부분을 클릭해 나타나는 선택지 중 하나를 고르면 된다. 측정기준을 하나를 임의로 선택한 후에 탭 설정 하단의 '값' 부분에는 앞서 가져온 측정항목들을 동일한 방법으로 모두 배치해 보자.

탭		
⠿ 국가		
┇ + 측정기준 드롭 또는 선택		
시작 행		
1		
행 표시		
10 ▾		
중첩된 행		
No ▾		
값		
⠿ 세션수		
⠿ 총 사용자		
⠿ 참여율		
+ 측정항목 드롭 또는 선택		

국가	+ 세션수	총 사용자	참여율
총계	67,577	52,849	61.1%
1 United States	45,259	32,856	61.0%
2 India	5,037	4,121	73.6%
3 Canada	4,761	3,432	48.8%
4 Japan	1,215	823	67.7%
5 China	944	907	38.9%
6 Australia	782	590	73.7%
7 Brazil	706	544	70.4%
8 Taiwan	673	495	61.1%
9 Türkiye	592	498	68.8%
10 Indonesia	562	399	71.5%

▲ 자유형식 : 행과 값 배치

행과 값에 항목들을 배치하면 캔버스에 설정한 측정기준 및 측정항목이 직관적으로 표현된다. 이 상태에서 '행' 부분을 자세히 보면 '국가' 측정기준 하단에 새로운 측정기준을 추가할 수 있는 선택지가 있는 것을 확인할 수 있다. 여기에 새로운 측정기준을 하나 추가해 보자. 그러면 측정기준이 세부적으로 나뉘는 것을 알 수 있다.

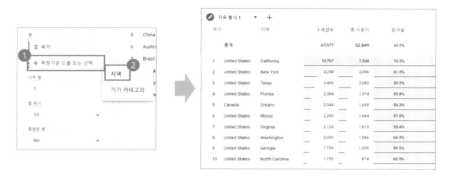

▲ 자유형식 : 행에 측정기준 추가

탭 설정으로 돌아가서, 측정기준으로 설정한 부분 아래에 '시작 행, 행 표시, 중첩된 행' 3가지 선택지를 볼 수 있다.

▲ 자유형식 : 행에 측정기준 추가

'시작 행'은 출력된 전체 데이터에서 몇 번째 열을 시작 행으로 설정할지를 정하는 옵션이다. 이 옵션은 너무 많은 수치를 보이는 항목을 제외해야 의미 있는 비교를 할 수 있는 경우에 사용된다. 예를 들어, 특정 웹사이트 담당자가 외국인 유입을 알고 싶을 때, 국가를 측정기준으로 두면 한국 사람들이 절대다수를 차지하게 된다. 이럴 때,

'시작 행' 기능을 사용해 한국인 데이터를 생략하면 보다 직관적으로 데이터 파악이 가능하다.

'행 표시'는 한 화면에 몇 개의 행 데이터를 출력할 것인가를 의미한다. 우리가 앞에 측정기준과 측정 항목을 배치했을 때 최대 10개 데이터가 보였던 이유가 이 '행 표시'의 기본값이 10으로 되어 있었기 때문이다. 행 표시는 최대 500까지로 설정할 수 있다.

'중첩된 행'은 측정기준이 2개 이상일 때 계층적으로 분석할 수 있는 유용한 도구이다. 이를 통해 주요 차원을 기반으로 세부 차원을 중첩하여 더 많은 정보를 한눈에 볼 수 있다.

<'중첩된 행' 사용 X>

	국가	지역	↓세션수	총 사용자
	총계		67,577	52,849
1	United States	California	10,767	7,548
2	United States	New York	4,258	3,096
3	United States	Texas	3,400	2,683
4	United States	Florida	2,384	1,974
5	Canada	Ontario	2,344	1,635
6	United States	Illinois	2,200	1,664
7	United States	Virginia	2,124	1,613
8	United States	Washington	2,005	1,546
9	United States	Georgia	1,735	1,329
10	United States	North Carolina	1,155	874
11	United States	Pennsylvania	1,298	913
12	India	Maharashtra	1,064	828
13	United States	Ohio	995	772
14	United States	Michigan	991	761
15	United States	New Jersey	958	794
16	United States	Massachusetts	931	729
17	Canada	Quebec	855	667
18	United States	Arizona	827	658
19	Canada	British Columbia	799	614
20	United States	Colorado	794	632

<'중첩된 행' 사용 O>

	국가	지역	↓세션수	총 사용자
	총계		67,577	52,849
1	United States	California	10,767	7,548
		New York	4,258	3,096
		Texas	3,400	2,683
		Florida	2,384	1,974
		Illinois	2,200	1,664
		Virginia	2,124	1,613
		Washington	2,005	1,546
		Georgia	1,735	1,329
		North Carolina	1,155	874
		Pennsylvania	1,298	913
2	India	Maharashtra	1,064	828
		Karnataka	630	511
		Uttar Pradesh	415	361
		Delhi	398	309
		West Bengal	377	308
		Telangana	329	284
		Tamil Nadu	296	256
		Gujarat	212	189
		Madhya Pradesh	169	146
		Rajasthan	160	141

▲ 중첩된 행 적용 여부에 따른 출력 데이터 차이

'열' 부분에서는 측정기준 중 하나를 열에 배치하면 새로운 축에도 측정기준이 추가되어 데이터가 더 세부적으로 나뉜다. 열 관련 옵션 하단에 있는 시작 열 그룹과 열 그룹 보기는 행 부분에서 설명한 '시작 행' 및 '행 표시'와 동일한 기능이다.

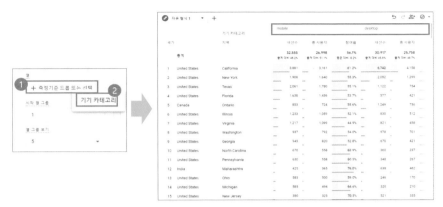

▲ 자유형식 : 열 선택

    '값' 부분에서는 셀 유형을 선택할 수 있다. 셀 유형으로는 막대 차트, 일반 텍스트, 히트맵 이렇게 3가지 옵션이 있는데, 각 셀 유형을 클릭하면 어떻게 표현되는지 확인할 수 있다.

<막대 차트>			<일반 텍스트>			<열 지도>		
세션수	총 사용자	참여율	세션수	총 사용자	참여율	세션수	총 사용자	참여율
32,555 총계 대비 48.2%	26,998 총계 대비 51.1%	56.1% 평균 대비 -8.2%	32,555 총계 대비 48.2%	26,998 총계 대비 51.1%	56.1% 평균 대비 -8.2%	32,555 총계 대비 48.2%	26,998 총계 대비 51.1%	56.1% 평균 대비 -8.2%
3,881	3,161	61.2%	3,881	3,161	61.2%	3,881	3,161	61.2%
1,908	1,640	55.3%	1,908	1,640	55.3%	1,908	1,640	55.3%
2,061	1,780	55.1%	2,061	1,780	55.1%	2,061	1,780	55.1%
1,638	1,436	53.7%	1,638	1,436	53.7%	1,638	1,436	53.7%
853	724	55.6%	853	724	55.6%	853	724	55.6%
1,233	1,059	52.1%	1,233	1,059	52.1%	1,233	1,059	52.1%
1,217	1,099	44.9%	1,217	1,099	44.9%	1,217	1,099	44.9%
937	792	54.0%	937	792	54.0%	937	792	54.0%

▲ 자유형식 : 셀 유형별 표현 방식

    마지막으로 필터를 알아보자. 필터는 변수 탭에서 가져온 측정기준과 측정항목 값을 기준으로 원하는 데이터만 남길 수 있게 하는 기능이다. 필요에 따라 여러 개의 필터를 설정할 수 있다. 필터 입력값에 '정규식 입력'이라고 표시되어 있다면, 실제 정규식을 입력해도 되고 원하는 값을 텍스트로 직접 입력해도 무방하다. 정규식은 '해당 규칙을 포함하는 값'을 의미한다.

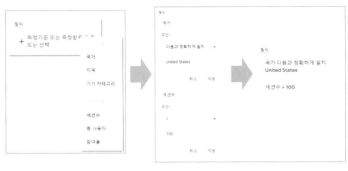

▲ 자유형식 : 필터

여기까지 자유형식 세팅 방법을 알아보았다. 자유형식은 원하는 조건을 커스텀하여 표 형태로 데이터를 출력하는 보고서이기에 마케터에게 활용도가 매우 높다. 다양한 기능을 활용하여 각자 상황에 맞는 조합을 찾아가는 것이 중요하다.

동질 집단 탐색 분석

GA4의 동질 집단 탐색 분석은 통계학에서 코호트(Cohort) 분석과 동일하다. 동질 집단 탐색 분석은 사용자들을 특정 기간에 걸쳐 동일한 경험을 한 그룹(코호트)으로 나누고, 이들 그룹의 행동 변화를 시간에 따라 추적하는 분석 방법이다. 이를 통해 제품이나 서비스의 장기적인 가치를 평가하고 사용자 이탈 패턴을 파악하는 등의 인사이트를 얻을 수 있다. 이커머스 웹사이트에서 코호트 분석을 실시하여 지역별로 가입한 신규 사용자의 활동 패턴을 이해하는 데 주로 활용되며, 서비스를 제공하는 기업의 경우 사용자들의 잔존률(Retention) 데이터를 확인하는 데 유용하게 활용된다.

	주 0	주 1	주 2	주 3	주 4
모든 사용자 세션수	53,921	1,821	565	236	37
5월 21일~2024년 5... 사용자 8,020명	8,143	360	196	192	37
5월 26일~2024년 6... 사용자 10,193명	10,124	481	272	44	
6월 2일~2024년 6월 ... 사용자 12,896명	12,520	642	96		
6월 9일~2024년 6월 ... 사용자 19,658명	19,608	338			
6월 16일~2024년 6... 사용자 2,771명	2,764				

▲ 동질 집단 탐색 분석 보고서

동질 집단 탐색 분석의 보고서에서 세로축은 분석하고자 하는 사용자 그룹을 나타낸다. 이 그룹들은 보통 같은 시간대에 웹사이트에 가입하거나 어떤 중요한 행동(예 : 첫 구매)을 한 사용자들로 구성된다. 세로축을 따라 내려가면, 다른 시간대에 행동을 시작한 사용자 그룹을 볼 수 있다. 예를 들면, '3월 1주 차에 가입한 사용자', '3월 2주 차에 가입한 사용자'와 같은 식이다.

가로축은 시간의 흐름을 나타낸다. 이 축을 따라 왼쪽에서 오른쪽으로 이동하면서 사용자가 그룹에 속한 후 지난 시간을 볼 수 있다. 예를 들면, '가입 후 첫째 주', '가입 후 둘째 주'가 된다. 이를 통해 사용자 그룹이 시간이 지나면서 어떻게 활동하는지 관찰할 수 있다.

표 안의 각 셀은 세로축에서 정의한 사용자 그룹이 가로축의 특정 시간 동안 얼마나 활동했는지를 보여준다. 셀에 있는 숫자는 활성 사용자나 발생시킨 이벤트 수, 구매 금액 같은 구체적인 값이 된다. 이 숫자들을 통해 사용자 그룹이 시간이 지나면서 어떻게 행동이 변하는지 추적할 수 있다. 예를 들어 '3월 첫째 주에 접속한 사용자' 그룹을 살펴보면, 세로축에서 이 그룹을 찾고, 가로축을 따라 '접속한 첫째 주'로 이동해 숫자를 확인하면 이 그룹의 사용자가 그 첫 주에 얼마나 활동했는지 알 수 있다. 그다음 '가입 후 둘째 주'로 가서 또 그 숫자를 확인하면, 첫 주와 비교했을 때 활동이 증가했는지 혹은 감소했는지를 알 수 있다.

탭 설정에서 '동질 집단 포함' 항목을 살펴보자. 이 옵션은 포함하는 기준을 무엇으로 규정할지를 정하는 것이다. 기본값은 '첫 번째 터치'로 설정되어 있는데, 이는 웹이나 앱에 처음으로 들어온 순간을 기준으로 한다는 의미이다. '첫 번째 터치' 텍스트를 클릭하면 기준을 변경할 수 있다. 사전 정의된 기준으로는 기본값인 첫 번째 터치를 포함하여 이벤트, 거래, 전환이 있다. 이는 사용자가 이벤트나 전환과 같은, 보다 깊은 액션을 취했을 때를 기준으로 집단을 잡겠다는 의미이다. 스크롤을 내려보면 '기타' 항목이 있다. 여기에는 생성한 세부 이벤트가 나타난다. 예를 들어 view_item을 선택하면, 해당 이벤트를 발동시킨 사용자를 동질 집단으로 인식시키겠다는 의미이다.

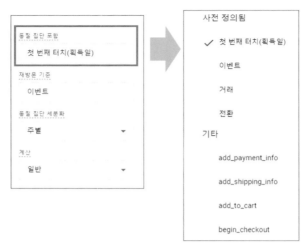

▲ 동질 집단 탐색 분석 : 동질 집단 포함

　재방문 기준은 사용자가 언제 다시 웹사이트나 앱을 방문했다고 규정할지를 정하는 기준이다. 예를 들어 '어제 우리 사이트에 들어온 사용자가 오늘 이벤트를 발생시켰다면 그 사용자는 재방문했다고 정하자'는 식이다. 재방문 기준 또한 동질 집단 포함과 마찬가지로 '이벤트, 거래, 전환'과 같은 사전 정의 기준과 세팅한 이벤트를 기준으로 규칙을 정할 수 있다.

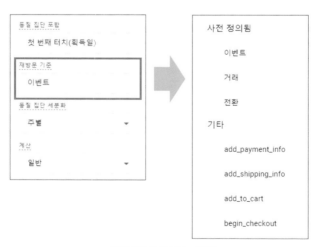

▲ 동질 집단 탐색 분석 : 재방문

동질 집단 세분화는 코호트 분석에서 기간을 어떤 단위로 볼지를 세팅하는 기능이다. 일(day), 주(week), 월(month)별로 세팅할 수 있다. 기본값은 주별이지만, 일별로 선택하면 하루 단위로 접속한 사용자 수로 세분되어 보고서가 표현된다.

동질 집단 세분화 / 일별		일 0	일 1	일 2	일 3	일 4	일 5	일 6
일별 ✓	모든 사용자 세션수	12,335	337	168	77	26	20	7
주별	4월 6일~2024년 4월 사용자 1,326명	1,329	47	22	20	4	7	7
월별	4월 7일~2024년 4월 사용자 1,522명	1,522	31	19	12	9	13	
	4월 8일~2024년 4월 사용자 1,894명	1,893	64	32	20	13		
	4월 9일~2024년 4월 사용자 2,026명	2,026	81	66	25			
	4월 10일~2024년 4월 사용자 1,968명	1,977	72	29				
	4월 11일~2024년 4월 사용자 2,088명	2,091	42					
	4월 12일~2024년 4월 사용자 1,250명	1,252						

▲ 동질 집단 탐색 분석 : 동질 집단 세분화

동질 집단 탐색 분석에는 일반(Standard), 최근(Rolling), 누적(Cumulative) 이렇게 3가지 계산 방법이 있다. 기본값인 '일반'은 세로축의 기간에 처음 접속한 사용자에 대해 세팅한 조건의 결과로 데이터를 보여 준다. 일반 계산법의 특징은 첫 주차에 처음 유입한 사용자가 +1주 차에 재방문하지 않았더라도, +2주 차에 재방문했다면 이 사용자에 대한 데이터는 카운팅된다.

'최근'은 최초 시점부터 해당 기간까지 세분화 기준 기간(일, 주, 월)마다 재방문 기준을 모두 달성한 사용자의 데이터만을 보여 주는 보수적인 계산법이다. 예를 들어 첫 주차에 처음 접속한 사용자가 +1주 차에 재방문하지 않고, +2주 차에 재방문했다면 이 사용자에 대한 데이터는 +1주 차까지만 기록된다.

'누적'은 최초 시점부터 해당 셀까지의 누적된 데이터를 보여준다. 예를 들어 3월 첫째 주에 획득한 사용자를 기준으로 한 달 동안의 데이터를 관찰한다고 할 때, +0주 차부터 +4주 차까지 발생하는 데이터가 주 단위로 누적된다.

▲ 동질 집단 탐색 분석 : 계산

세분화는 코호트 분석을 보다 세분화해서 보고자 할 때 활용된다. 세분화 기준은 변수 탭에서 가져온 측정기준을 활용한다. 세분화를 클릭하여 원하는 측정기준을 선택하면 기존에 기간별로 한 줄로 표현되었던 데이터가 측정기준값에 맞춰 세분된다. 세분화 하단의 '측정기준 당 행 수'는 세분된 측정기준을 최대 몇 행까지 보여줄 것인지를 나타낸다.

▲ 동질 집단 탐색 분석 : 세분화

　구글 애널리틱스 4를 활용한 디지털 마케팅 wirh 챗GPT

값은 어떤 기준의 데이터를 출력할지를 정하는 것이다. 변수 탭에서 가져온 측정항목 중 데이터 호환성이 맞는 항목들만 활용할 수 있다. 텍스트가 회색으로 처리된 측정항목은 이 보고서에서 활용할 수 없는 항목들이다. 중요한 요소는 '측정항목 유형'이다. '합계'는 모든 사용자의 특정 행동을 모두 더 하는 방식이다. 예를 들어, '합계'를 선택하면 특정 기간 모든 사용자가 몇 번 구매했는지에 대한 수치를 볼 수 있다. '동질 집단 사용자당'은 비율로 데이터를 보기 위한 유형이다. 첫 주차 수치를 100%로 보았을 때 +1주 차, +2주 차 수치를 100%보다 얼마나 증가하거나 감소했는지를 비율로 본다. 예를 들어, 첫 주차 데이터가 100%이었는데 +1주 차 데이터가 30%로 기록되어 있다면 +1주 차의 재방문율이 30%였다고 직관적으로 해석할 수 있다.

▲ 동질 집단 탐색 분석 : 측정항목 유형

유입경로 탐색 분석

GA4의 '유입경로 탐색 분석'은 사용자의 전환 여정, 즉 웹사이트 방문부터 구매나 특정 목표 달성에 이르기까지의 과정을 단계별로 분석하는 보고서이다. 이 분석을 통해 마케터는 사용자가 각 단계에서 머무르는 시간, 전환으로 이어지는 경로, 그리고 중간에 이탈하는 지점을 확인할 수 있다. GA4를 이용하는 서비스 기획자나 전체적인 전환 과정을 파악해야 하는 담당자들은 필수적으로 알아야 하는 보고서이다.

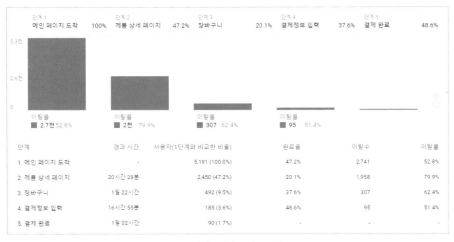

| 단계 1 메인 페이지 도착 | 100% | 단계 2 제품 상세 페이지 | 47.2% | 단계 3 장바구니 | 20.1% | 단계 4 결제정보 입력 | 37.6% | 단계 5 결제 완료 | 48.6% |

| 이탈률 2.7천 52.8% | 이탈률 2천 79.9% | 이탈률 307 62.4% | 이탈률 95 51.4% | |

단계	경과 시간	사용자(1단계와 비교한 비율)	완료율	이탈수	이탈률
1. 메인 페이지 도착	-	5,191 (100.0%)	47.2%	2,741	52.8%
2. 제품 상세 페이지	20시간 28분	2,450 (47.2%)	20.1%	1,958	79.9%
3. 장바구니	1일 22시간	492 (9.5%)	37.6%	307	62.4%
4. 결제정보 입력	16시간 55분	185 (3.6%)	48.6%	95	51.4%
5. 결제 완료	1일 02시간	90 (1.7%)			

▲ 유입경로 탐색 분석 보고서

유입경로 탐색 분석은 크게 3가지 영역에서 활용될 수 있다. 첫 번째는 '이탈 지점 파악'이다. 어떤 단계에서 사용자가 떠나는지를 식별하여 그 부분을 개선함으로써 전환율을 높일 수 있다. 두 번째는 '전환 과정 최적화'이다. 사용자가 목표를 달성하기까지의 경로를 단순화하고, 불필요한 단계를 제거하여 전환 과정을 효율적으로 만드는데 유의미한 데이터를 얻을 수 있다. 세 번째는 '고객 행동 이해'이다. 퍼널 단계를 다양하게 교차해 보면서 고객이 구매 결정을 내리는 데 영향을 주는 요소를 이해할 수 있다.

탭 설정 첫 번째 단계는 '시각화' 기능이다. 시각화는 '표준 유입경로'와 '인기 유입경로'로 나뉜다. 표준 유입경로는 막대 그래프로 표현되며, 기준으로 하는 기간의 전체 데이터를 보여주기 때문에 퍼널별로 어떤 구간에서 이탈이 많이 발생했는지 확인하기에 용이하다. 인기 유입경로는 선 그래프로 표현되며, 각 퍼널 단계별로 일자별 데이터를 확인할 수 있다. 예를 들어 메인페이지 조회, 상세페이지 조회, 구매 완료 3단계로 퍼널이 이루어져 있다면 메인페이지 조회 단계의 일자별 추이, 상세페이지 조회 단계의 사용자 일자별 추이를 확인할 수 있다.

▲ 유입경로 탐색 분석 : 시각화

　시각화 하단에 '개방형 유입경로'라는 토글(Toggle)이 있다. 기본값은 OFF인데, 이는 설정한 퍼널의 순서로만 이동한 사용자의 데이터만 출력하겠다는 의미이다. '폐쇄형 유입경로'라고도 불린다. 반면, 개방형 유입경로는 각 퍼널별로 중간에 유입자가 발생했다면 이 사용자들의 데이터도 취합하여 보고서로 보여 준다. 예를 들어 퍼널이 1단계부터 5단계까지 구현되어 있고, 1단계에 처음 들어온 사용자가 100명이라고 가정했을 때, 폐쇄형 유입경로는 1단계를 시작한 100명을 기준으로 단계별 전환율 데이터를 보여 준다. 이럴 경우 단계별 사용자 수는 1단계인 100명보다 필연적으로 같거나 적어질 수밖에 없다. 반면 개방형 유입경로는 1단계에서 100명이 들어왔지만, 2단계에서 시작한 사용자가 200명이 추가로 있었다면 해당 사용자들의 데이터도 추가해서 보여 준다. 그래서 1단계 완료자는 100명이고 이 중 2단계로 전환한 사람이 50명이라면, 2단계에서 시작한 200명이 합쳐져 총 250명이 2단계의 사용자 데이터로 보이게 된다.

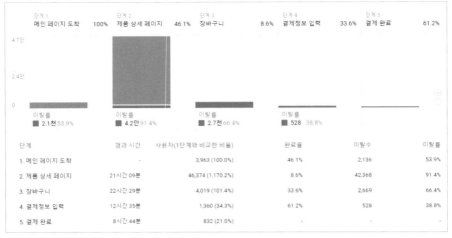

단계	경과 시간	사용자(1단계와 비교한 비율)	완료율	이탈수	이탈률
1. 메인 페이지 도착	-	3,963 (100.0%)	46.1%	2,136	53.9%
2. 제품 상세 페이지	21시간 09분	46,374 (1,170.2%)	8.6%	42,368	91.4%
3. 장바구니	22시간 29분	4,019 (101.4%)	33.6%	2,669	66.4%
4. 결제정보 입력	12시간 35분	1,360 (34.3%)	61.2%	528	38.8%
5. 결제 완료	8시간 44분	832 (21.0%)	-	-	-

▲ 개방형 유입경로 적용 보고서 예시

다음으로 유입경로 탐색 분석의 핵심인 '단계'에 대해 이해하자. GA4 유입경로 보고서를 설정할 때 가장 중요한 부분이다. 수집한 데이터를 보고서에서 알아보기 쉽게 하기 위해 퍼널별 이름을 설정할 수 있어 데이터를 보는 사람에게 가독성을 높일 수 있다. 퍼널 생성을 위해 '단계' 텍스트 옆의 연필 모양 버튼을 클릭해 보자.

▲ 유입경로 탐색 분석 : 단계 생성 1

연필 모양 버튼을 클릭하면 '유입경로 단계 수정' 탭이 나타난다. 아래 이미지에서 번호별 기능을 설명하겠다.

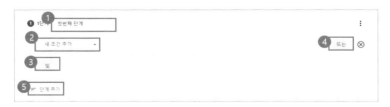

▲ 유입경로 탐색 분석 : 단계 생성 2

❶ 생성한 단계의 이름을 설정한다.

❷ 생성하는 단계의 조건을 설정한다. GA4에서 기본적으로 제공하는 측정기준이나 이벤트 명을 선택할 수 있다.

❸ And 조건을 추가로 설정한다.

❹ Or 조건을 추가로 설정한다.

❺ 다음 단계를 생성한다. 최대 10개 단계를 생성할 수 있다.

여기서 중요한 것은 조건을 어떻게 설정할 것인지이다. 만약 이벤트가 사전에 설정되어 있다면, 설정된 이벤트 중 원하는 이벤트를 선택해 쉽게 퍼널을 생성할 수 있다.

▲ 유입경로 탐색 분석 : 단계 생성 3

하지만 이벤트가 세팅되지 않았다면 홈페이지의 구조를 파악해서 직접 조건을 입력해야 한다. 현재 데모 계정의 데이터 소스인 Google Merchandise Store를 예시로 들어보자. 이 사이트에서 '제품 상세페이지'를 조건으로 잡고 싶다면, 상세페이지의 공통점을 찾아 조건 값으로 활용하면 된다.

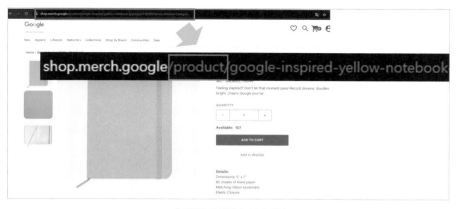

▲ 유입경로 탐색분석 : 단계 생성 4

예를 들어, https://shop.merch.google의 제품 상세페이지 URL에서 'product'가 포함된다는 것을 알 수 있다. 이를 조건으로 활용해 GA4에서 '페이지 경로'에 'product'가 포함되는 조건을 설정하면 퍼널을 구현할 수 있다.

▲ 유입경로 탐색 분석 : 단계 생성 4

이렇게 이벤트가 세팅되지 않더라도 해당 사이트의 단계별 공통점을 확인하면 원하는 단계를 퍼널로 생성할 수 있다. 하지만 이벤트로 세팅하는 것이 더 간편하고 신속하므로, 이벤트를 미리 세팅하고 이를 단계로 구현하는 것이 좋다.

다음으로 세분화 단계를 보자. 세분화는 변수 탭으로 불러온 측정기준을 활용해 데이터를 나누는 기능이다. 이를 통해 원하는 측정기준별로 단계별 완료율을 확인할 수 있다.

단계	기기 카테고리	경과 시간	사용자(1단계와 비교한 비율)	완료율	이탈수	이탈률
1. 메인 페이지 도착	**총계**	-	**3,963 (100.0%)**	**46.1%**	**2,136**	**53.9%**
	desktop	-	2,750 (100.0%)	48.3%	1,423	51.7%
	mobile	-	1,116 (100.0%)	43.6%	629	56.4%
	tablet	-	98 (100.0%)	13.3%	85	86.7%
	smart tv	-	0 (100.0%)	-	-	-
2. 제품 상세 페이지	**총계**	**21시간 09분**	**46,374 (1,170.2%)**	**8.6%**	**42,368**	**91.4%**
	desktop	1일 02시간	20,762 (755.0%)	14.2%	17,810	85.8%
	mobile	5시간 49분	24,483 (2,193.8%)	4.2%	23,464	95.8%
	tablet	56 6초	1,566 (1,598.0%)	2.2%	1,531	97.8%
	smart tv	-	11 (-)	0.0%	11	100.0%
3. 장바구니	**총계**	**22시간 29분**	**4,019 (101.4%)**	**33.6%**	**2,669**	**66.4%**
	desktop	1일 03시간	2,963 (107.7%)	38.4%	1,826	61.6%
	mobile	7시간 59분	1,021 (91.5%)	20.2%	815	79.8%
	tablet	10시간 33분	35 (35.7%)	20.0%	28	80.0%

▲ 유입경로 탐색 분석 : 세분화

세분화 다음으로 '경과시간 표시'와 '다음 작업'이 있다. 경과시간 표시는 구간별 소요된 평균 시간을 확인할 수 있는 기능이다. 경과 시간의 경우, 시간을 표시하는 숫자 자체에 의미를 두기보다는 어떤 액션을 진행한 후에 이전 기간 대비 시간이 얼마나 증가 혹은 감소했는지를 파악하는 것을 권장한다. 그렇게 해야 해당 액션이 사용자 경험 개선에 대한 기여 여부를 파악할 수 있기 때문이다. 다음 작업은 구간별로 그다음 어떤 이벤트가 발생했는지를 확인할 수 있는 기능이다. '이벤트 이름' 측정기준으로만 세팅이 가능하다. 세팅한 후 단계별로 표현되는 그래프 위에 마우스 포인터를 올리면 관련 이벤트 이름이 표시된다.

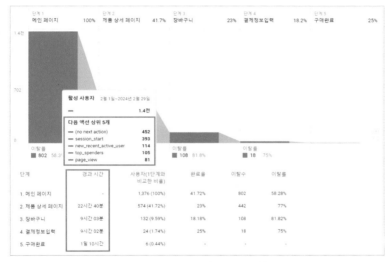

▲ 유입경로 탐색 분석 : 경과시간 표시, 다음 작업

세그먼트 중복 분석

GA4의 세그먼트 중복 분석 보고서는 마케터에게 타겟 사용자를 찾는 데 매우 유용한 도구이다. 이 보고서는 사용자가 서로 다른 세그먼트 간에 어떻게 겹치는지를 보여주어, 여러 세그먼트의 고객 행동이 어떻게 상호작용을 하는지 깊이 있게 이해할 수 있게 돕는다.

▲ 세그먼트 중복 분석 보고서 / 출처 : GA 고객센터

사용자 중복 분석을 사용하려면 먼저 GA4 인터페이스에서 '세그먼트'를 생성해야 한다. 보고서 화면에서는 선택한 세그먼트들의 겹치는 부분이 벤다이어그램 형태로 시각화되어, 각 세그먼트가 얼마나 겹치는지를 쉽게 확인할 수 있다. 최대 3개의 세그먼트를 선택하여 비교하면서 어떤 중복 사용자들이 더 높은 효율을 보이는지를 비교할 수 있다. 이제 세그먼트를 생성하는 방법부터 보고서를 이용하는 방법까지 하나씩 알아보자.

사용자 중복 분석을 활용하기 위해서는 변수 탭에서 사용할 세그먼트를 미리 생성해 두어야 한다. 변수 탭에서 세그먼트 옆에 있는 '+' 버튼을 클릭해 보자.

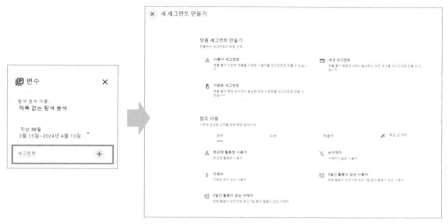

▲ 세그먼트 중복 분석 : 세그먼트 생성

그러면 '새 세그먼트 만들기' 화면이 나타난다. 여기에서는 선택지가 크게 '맞춤 세그먼트 만들기'와 '참조 사용' 두 개의 영역으로 구분된다. 맞춤 세그먼트 만들기에서는 특정 사용자, 세션 세그먼트, 이벤트를 기준으로 원하는 조건의 세그먼트를 생성할 수 있다. 참조 사용은 GA4에서 사전 정의된 다른 세그먼트를 기반으로 새로운 세그먼트를 생성하는 기능이다. 하나씩 함께 알아보자.

맞춤 세그먼트 만들기를 활용하려면 사용자, 세션, 이벤트 세그먼트가 어떤 기준을 말하는지 이해해야 한다. 예를 들어, 어떤 사용자가 첫 번째 세션에서 view item 이벤트를 완료하고 view promotion 이벤트를 발동시켰다고 가정해 보자. 두 번째 세션에서는 page view, add to cart, purchase 순으로 이벤트를 발생시켰다고 한다.

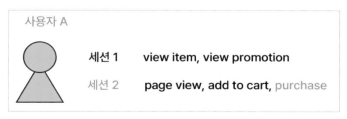

▲ 세그먼트 중복 분석 : 맞춤 세그먼트 기준 개념

이 상황에서 purchase 이벤트를 조건으로 세그먼트를 세팅하면 사용자 세그먼트는 '사용자 A', 세션 세그먼트는 '세션 2', 이벤트 세그먼트는 purchase 이벤트만 포함하게 된다. 예를 들어, purchase 행위를 한 사용자를 기준으로 세그먼트를 설정하면 사용자 A가 수행한 모든 이벤트 데이터와 세션들이 포함된다. 세션 세그먼트로 수집하면 세션 2에 포함된 page view, add to cart, purchase만 포함된다. 마지막으로 이벤트 세그먼트는 purchase 한 개의 이벤트 데이터만 포함된다.

GA4의 새 세그먼트 만들기에서 '사용자 세그먼트'를 클릭하여 실습을 진행해 보자. 사용자 세그먼트를 클릭하면 유입경로 탐색 분석에서 '단계'를 생성할 때와 비슷한 화면이 나타난다. 여기서 '새 조건 추가' 버튼을 클릭하여 원하는 세그먼트의 조건을 입력하면 된다. 예를 들어 PC를 통해 유입한 사용자만 보고 싶다면 조건의 측정기준을 '기기 카테고리'로 설정하고 값을 desktop으로 지정하면 의도한 세그먼트가 구현된다.

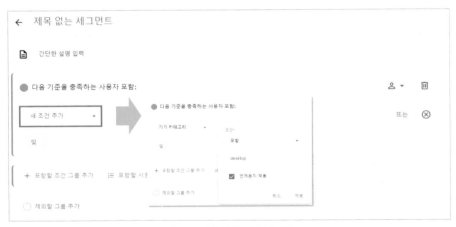

▲ 세그먼트 중복 분석 : 맞춤 세그먼트 1

이미지 하단의 '언제든지 적용'은 사용자의 현재 시점을 기준으로 세그먼트를 구현하는 기능이다. '동적 평가'라고도 한다. 예를 들어, 사용자 한 명이 2개월 전에 브라질을 방문했지만, 현재는 다른 위치에 있다고 가정해 보자. 조건이 '국가 = 브라질', 기간이 이전 3개월인 세그먼트를 추가하면 다음과 같이 평가된다. '언제든지'를 선택한 경우, 현재에도 '참' 값을 가지므로 사용자가 세그먼트에 포함된다. 반면 '언제든지'를 선택하지 않은 경우에는 현재에 대해 '거짓' 값을 가지므로 사용자가 세그먼트에 포함되지 않는다.

의도에 맞게 세그먼트 조건을 지정했다면 적용을 눌러 보자. 그러면 오른쪽 창의 '요약' 항목에 원그래프가 나타나면서 몇 명의 사용자가 세그먼트에 포함되는지 시뮬레이션이 된다. 만약 조건 값을 적용했는데 요약 부분에 수치가 나타나지 않으면 현재 GA에서 적용할 수 없는 규칙으로 세그먼트를 생성했을 가능성이 높다. 따라서 세그먼트를 생성할 때는 이 요약표에 수치가 나타나는지를 확인하면서 구현하는 것이 안전하다.

▲ 세그먼트 중복 분석 : 맞춤 세그먼트

GA4 세그먼트는 다양한 추가 기능을 제공한다. '제외할 그룹 추가'도 마케터들이 유용하게 사용하는 기능 중 하나이다. 예를 들어, PC를 통해 유입한 사람 중 Safari 브라우저를 통해 유입한 사용자는 제외하고 싶을 때 이 기능을 활용하면 빠르게 구현할 수 있다.

▲ 세그먼트 중복 분석 : 제외할 그룹 추가

시퀀스 기능도 유용하다. 시퀀스는 순서를 의미한다. 예를 들어, A 페이지에 접속 후 B 페이지에 접속한 사용자들을 세그먼트하고 싶다면 '포함할 시퀀스 추가' 버튼을 클릭하여 의도한 단계를 세팅하면 된다. 단계는 유입경로 탐색 분석 때와 마찬가지로 최대 10개까지 생성할 수 있다.

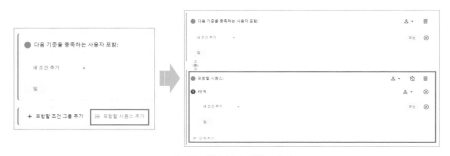

▲ 세그먼트 중복 분석 : 시퀀스 추가

추가적으로 오른쪽 상단의 '잠재고객 만들기' 기능은 GA4에서 생성한 세그먼트를 잠재고객으로 저장하여 잠재고객 보고서로 모니터링하거나 Google Ads와 연동하여 타겟팅으로 활용하게끔 도와주는 기능이다. 최대 540일까지 보관 기간을 설정할 수 있으며, 타겟팅으로 활용하려면 광고를 송출하고자 하는 Google Ads와 연동이 되어 있어야 한다. '잠재고객 만들기' 하위에는 '잠재고객 트리거'가 있다. 이 기능은 설정한 조건의 잠재고객이 모집될 때마다 설정한 이름으로 이벤트 데이터를 수집하고자 할 때 활용한다.

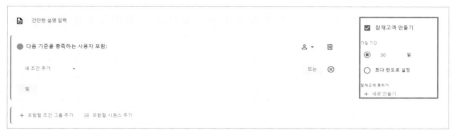

▲ 세그먼트 중복 분석 : 잠재고객 만들기

이제 '맞춤 세그먼트 만들기'를 마무리하고 '참조 사용'으로 넘어가 보자. 참조 사용에는 일반, 쇼핑, 템플릿, 예상 검색어 이렇게 4가지 유형으로 사전 세그먼트 조건이 구분되어 있다. 일반, 쇼핑, 템플릿을 클릭해 보면 해당 타이틀에 맞는 이벤트 조건이 미리 세팅된 것을 확인할 수 있다. 만약 신속하게 세팅해야 하는 상황이라면 이렇게 사전 세팅된 값을 토대로 약간의 커스텀을 거쳐 의도한 세그먼트를 만들 수 있다.

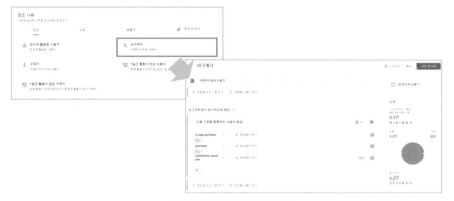

▲ 세그먼트 중복 분석 : 참조 사용

'예상 검색어' 부분은 일반, 쇼핑, 템플릿 기능과 약간 다른 개념이다. 일종의 예측 모델이라고 보면 된다. 데모 계정에서는 예측이 가능하도록 조건 값들이 모두 충족되어 있어 사용하는 데 문제가 없다.

▲ 세그먼트 중복 분석 : 참조 사용 예상 검색어

하지만 GA4 계정을 새로 생성하게 되면 예측에 필요한 기본 요건이 충족되기 전까지 해당 세그먼트를 활용할 수 없다. 구매 관련 예측 모델을 적용하기 위해서는 다음 3가지 조건이 충족되어야 한다. 이는 구글 애널리틱스 고객센터 공식 가이드를 발췌한 것이다.

1. 구매자 및 앱 제거 사용자의 긍정적/부정적 예시 수가 최소 요건을 충족해야 합니다. 최근 28일 동안 7일간의 기간에 대해 1,000명 이상의 재사용자가 관련 예측 조건(구매 또는 앱 제거)을 트리거했어야 하며, 1,000명 이상의 재사용자는 트리거하지 않았어야 합니다.
2. 일정 기간 동안 모델 품질을 유지해야 요건을 충족할 수 있습니다. 속성이 예측 측정항목으로 사용될 수 있는 가능성을 최대화하기 위해 취할 수 있는 조치에 대해 자세히 알아보세요.
3. 구매 가능성과 예측 수익 측정항목을 모두 사용하려면 속성에서 purchase 또는 in_app_purchase 이벤트를 전송해야 합니다. purchase 이벤트를 수집하려면 해당 이벤트에 대한 value 및 currency 매개변수도 수집해야 합니다.

(출처 : https://support.google.com/analytics/answer/9846734)

예측의 핵심은 구글 애널리틱스에 '추천 이벤트'를 통해 이해할 수 있는 데이터를 꾸준히 수집하는 것이다. 조건이 충족되는데 어느 정도의 시간이 필요한지는 평균을 낼 수 없다. 하지만 추천 이벤트를 기반으로 데이터를 꾸준히 수집하다 보면 앞으로 업데이트될 다양한 기능도 자연스럽게 활용할 수 있을 것이다.

세그먼트를 이해했다면 임의로 2개 정도 만들어 보자. 'PC유입자'와 '미국 사용자' 2개의 세그먼트를 만들어 실습을 진행하겠다. 세그먼트를 생성했다면 탭 설정을 확인해 보자. 탭 설정 상단에 '세그먼트 비교'가 보인다. 여기에 변수 탭에서 생성한 세그먼트 중 비교하고 싶은 세그먼트를 끌어오면 된다. 끌어오면 캔버스에 즉시 해당 세그먼트들의 중복 값을 직관적으로 보여 준다.

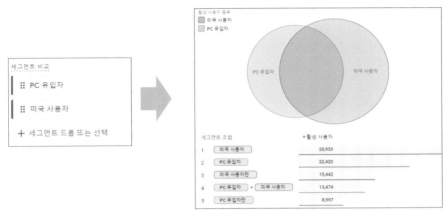

▲ 세그먼트 중복 분석 : 세그먼트 비교

세그먼트 비교 하단에는 '분류' 기능이 있다. 분류는 이전 보고서와 동일하게 데이터를 보다 자세히 나눠 보기 위해 사용된다. 예를 들어 기기 카테고리 측정기준을 넣으면 세그먼트별로 해당 측정기준에 맞춰 데이터가 분리되는 것을 확인할 수 있다. 최대 5개의 측정기준을 분류로 동시 세팅할 수 있다.

▲ 세그먼트 중복 분석 : 분류

'값'은 인사이트 도출에 매우 핵심적으로 활용해야 하는 옵션이다. 세그먼트 중복 분석의 기본값은 '활성 사용자'이다. 세그먼트별 활성 사용자도 의미가 있지만, 마케터 입장에서 인사이트를 더 얻으려면 해당 값을 참여율, 참여 시간 같은 KPI 달성 관련 비율 지표로 변경하면 좋다. '참여율', '사용자당 평균 참여 시간', '사용자당 평균 구매 수익'을 측정 항목에 함께 배치해 보자.

▲ 세그먼트 중복 분석 : 값

결과 값을 보면 'PC 유입자와 미국 사용자' 교집합에서 모든 비율 관련 지표가 높다. 이는 마케팅을 진행할 때 단순히 'PC 유입자' 또는 '미국 사용자' 대상의 마케팅을 진행하는 것보다 이 두 조건의 교집합에 해당하는 사용자가 우리의 광고를 더 잘 보게끔 전략을 실행하면 성과가 개선될 확률이 높아진다는 의미로 해석할 수 있다. 여기서 그치는 것이 아니라, 생각지 못했던 교집합 세그먼트를 발견했다면 보고서에서 해당 세그먼트 조합에 마우스 포인터를 올려 마우스 오른쪽 버튼을 클릭해 보자. 그러면 '선택 항목으로 세그먼트 만들기' 버튼이 나타나는데, 이 버튼을 클릭하여 바로 잠재고객으로 생성할 수 있다.

▲ 세그먼트 중복 분석 : 선택항목으로 세그먼트 만들기

세그먼트 중복 분석은 나에게 유의미한 사용자들을 세그먼트로 그룹화하고, 이들 중 보다 유의미한 그룹이 있는지 교집합 형태로 찾아볼 수 있어 마케터에게 매우 유용한 보고서이다.

경로 탐색 분석

GA4의 경로 탐색 분석은 페이지나 이벤트 경로를 바탕으로 사용자 행동의 흐름을 분석하는 방법이다. 이를 통해 사용자가 웹사이트나 앱 내에서 어떤 경로를 통해 특정 목표에 도달하는지 파악할 수 있다.

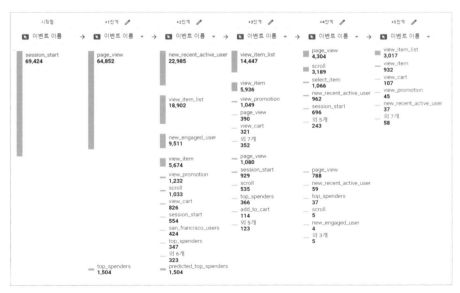

▲ 경로 탐색 분석 보고서

경로 탐색 분석 보고서는 사용자의 흐름을 파악한다는 점에서 유입경로 탐색 분석과 유사한 목적을 갖지만, 경로 탐색 분석은 전체적인 사용자 흐름을 볼 수 있도록 도와준다는 점에서 차이가 있다. 사용자들이 이동한 화면이나 발생한 이벤트의 흐름을 여러 갈래로 시각화하여 한눈에 볼 수 있는 보고서이다. 경로 탐색을 이용하는 방법은 간단하다. 경로 탐색 분석 기법을 열고, 보이는 막대를 클릭하면 다음 순서의 막대가 나타나는 방식으로 작동한다.

경로 탐색 분석을 이해하기 위해서는 '노드(node)'의 개념을 이해해야 한다. '노드'는 사용자가 경로상에서 방문하는 개별적인 포인트나 단계를 의미한다. 이는 사용자가 웹사이트나 앱 내에서 취한 각각의 행동을 일컫는데, '페이지 뷰', '이벤트'와 같은 상호작용을 나타낸다. 노드는 GA4뿐만 아니라 데이터 분야에서도 종종 쓰이는 용어이니 미리 기억해 두면 좋다.

탐색 탭의 노드 유형을 보자. GA4 경로 탐색 분석에서는 '이벤트', '페이지 제목', '페이지 경로', '화면'의 4가지 유형의 노드를 활용할 수 있다. '페이지' 관련 용어는 PC에서, '화면' 관련 용어는 앱 환경에서 사용된다. 경로 탐색 분석에서는 이 4가지 유형 중 각자의 상황에 적합한 유형을 캔버스에서 선택할 수 있다. 노드를 선택하는 방법은 뒤에서 다시 설명하겠다.

▲ 경로 탐색 분석 : 노드 유형

노드 유형 하단에 보면 '고유한 노드만 보기' 토글이 기본값으로 켜져 있다. 이 기능은 사용자의 경로 분석을 더 간결하게 보여 주는 옵션이다. 이 기능을 활성화하면 사용자의 행동 경로에서 반복적으로 나타나는 노드를 한 번씩만 표시하여, 경로를 보다 명확하고 읽기 쉽게 만든다. 반대로 이 기능을 OFF하면 동일한 이벤트를 여러 차례 반복한 경우 같은 이름의 노드가 반복적으로 표시된다.

세분화는 각 단계의 데이터를 세부적으로 보기 위한 기능이다. 원하는 측정기준을 넣고 캔버스에 보이는 단계에 마우스 포인터를 올리면 해당 기준에 맞춰 세분화된 정보가 팝업 형태로 보인다.

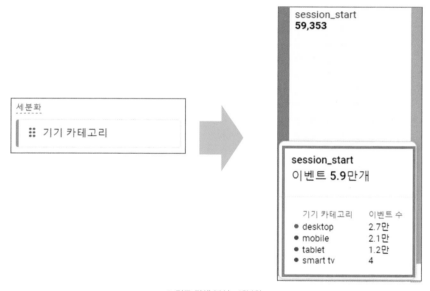

▲ 경로 탐색 분석 : 세분화

'값'은 캔버스의 노드별 값을 어떤 수치로 표현할 것인지를 의미한다. 경로 탐색 보고서에서는 '총사용자', '활성 사용자', '이벤트 수' 3가지 측정 항목만 값으로 활용할 수 있다.

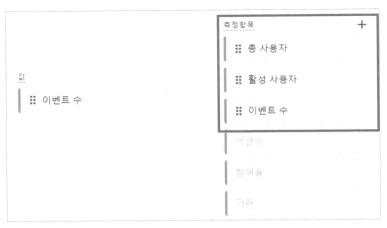

▲ 경로 탐색 분석 : 값

그럼, 해당 단계에서 보고서에 표현이 될 수 있는 전체 노드가 보인다. 마케터 입장에서 전체 노드를 다 보아야 하는 경우도 있지만, 내가 필요한 분석에 필요한 노드만 보이기를 원하는 경우도 있을 것이다. 이럴 때 단계별로 내가 보고자 하는 흐름을 뜻하는 노드만 선택하여 보고서를 간소화할 수 있다.

두 번째 옵션은 노드 유형을 변경하는 기능이다. 캔버스에서 시작점을 보면 경로별 단계가 나타나고, 단계별로 노드 유형이 표기되어 있다. 기본값은 '이벤트 이름'이다. 시작점을 제외하고 두 번째 단계부터 아래 화살표를 클릭해 노드 유형을 변경할 수 있다. 페이지 제목이나 페이지 경로로 변경하면 기존에 이벤트로 표현되던 노드의 이름이 변경된다.

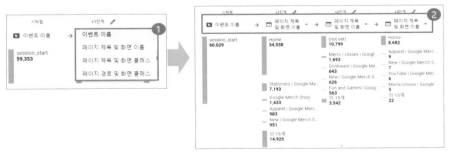

▲ 경로 탐색 분석 : 노드 유형 변경

마지막 옵션은 시작점을 변경하는 기능이다. 캔버스 영역 오른쪽 상단의 '다시 시작' 버튼을 클릭하면 시작점 또는 종료점을 선택하는 화면이 나타난다.

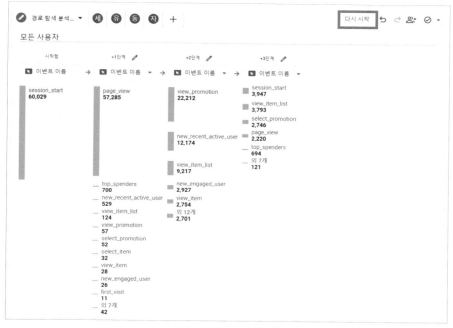

▲ 경토 탐색 분석 : 시작점 변경 1

여기서 종료점을 선택하고 노드 유형을 '이벤트 이름'으로 설정해 보자. 종료점을 선택하는 것은 설정한 종료점을 기준으로, 역순으로 사용자의 흐름을 보겠다는 의미이다. 나타나는 이벤트 이름 중 원하는 이벤트를 선택하면 된다. purchase 이벤트를 선택해 보겠다.

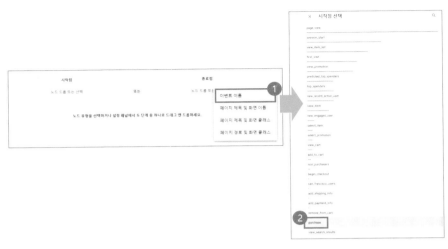

▲ 경로 탐색 분석 : 시작점 변경 2

그러면 경로 탐색 분석이 새로고침 되면서 원하는 종료점을 기준으로, 역순으로 사용자 흐름이 나타난다. 이 기능을 활용하면 단순히 시작점을 기준으로 의미 있는 흐름을 찾는 것보다 원하는 전환 이벤트를 기준으로 경로를 볼 수 있어 유용하다. 이는 원하는 전환이 명확히 정해져 있는 경우 해당 전환을 기반으로 사용자 흐름을 탐색하는 데 매우 유용한 기능이다.

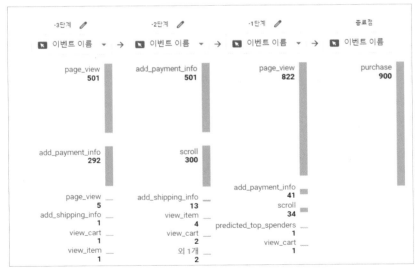

▲ 경로 탐색 분석 : 시작점 변경 3

사용자 전체 기간

사용자 전체 기간 보고서는 사용자가 처음 상호작용을 시작한 시점부터 현재까지의 전체 기간 사용자 행동과 가치를 종합적으로 분석하는 도구이다. 이 보고서는 사용자의 생애 가치(Lifetime Value, LTV)를 이해하는 데 중요하며, 마케터가 장기적인 고객 가치를 평가하고 전략을 수립하는 데 도움을 준다. 사용자 전체 기간 보고서의 활용 방식은 자유형식과 동일하다. 그렇기에 지금은 사용자 전체 기간 보고서에서만 확인할 수 있는 데이터의 특징을 중심으로 설명하겠다.

첫 사용자 소스		↓총 사용자	평생 가치(LTV): 평균	전체 기간 참여 시간: 평균
	총계	291,672	$2.56	1분 30초
1	(direct)	214,748	$2.95	1분 35초
2	google	58,694	$1.26	1분 09초
3	9to5google.com	6,799	$0.48	1분 05초
4	baidu	2,664	$0.00	9.1초
5	t.co	1,146	$0.73	39.3초
6	Newsletter_January_2024	1,051	$6.07	2분 27초
7	s0.2mdn.net	942	$0.00	0.5초
8	art-analytics.appspot.com	924	$1.44	2분 21초
9	sites.google.com	879	$8.37	6분 19초
10	bing	714	$0.20	1분 20초

▲ 사용자 전체 기간 보고서

사용자 전체 기간 보고서는 사용자가 서비스를 처음 방문한 이후부터 우리 플랫폼에서 완전히 이탈할 때까지의 사용 패턴을 확인할 수 있는 보고서이다. 이 보고서에서 중요한 것은 '사용자를 어떤 기준으로 구분할 것인지'와 '그 그룹별 비교'이다. 예를 들어, 사용자를 아래와 같이 구분했다고 가정해 보자.

그룹	평균 참여 시간	거래 횟수	LTV
유저 전체 평균	4분	1회	6달러
사용자 그룹 1	7분	3회	15달러
사용자 그룹 2	6분	-	-

▲ 사용자 전체 기간 : 활용 예시

이 상황에서 '사용자 그룹 1'은 평균 사용자들보다 참여 시간, 거래 횟수, LTV가 모두 높다. 이를 토대로 '사용자 그룹 1'을 VIP 고객군으로 명명할 수 있다. 마케터는 이 그룹에 보다 적극적인 CRM 마케팅을 진행할 수 있다. 이 그룹에게 평균 사용자보다 더 많은 혜택을 제공하여 우리 사이트의 단골 고객으로 만드는 전략을 진행할 수 있다.

'사용자 그룹 2'는 아직 거래를 진행하지 않았지만, 사용자 전체 그룹보다 참여 시간이 높다는 것을 알 수 있다. 사용자 그룹 1과 비슷한 참여 시간을 나타내지만 아직 구매 이력이 없는 집단이다. 이들은 구매 확률이 높은 잠재고객군으로 분류할 수 있다. 마케터는 이 데이터를 바탕으로 사용자 그룹 2에게 구매를 유도할 수 있는 할인 쿠폰 등을 배포하여 해당 잠재고객을 고객으로 만드는 전략을 실행할 수 있다.

사용자 전체 기간 보고서에는 '예측'이라는 측정 항목이 제공된다. 예측 데이터를 활용하면 구매 확률이 높은 사용자에게 쿠폰을 제공하거나, 앱 제거 가능성이 높은 사용자에게 고객 관리 이메일을 전송하는 등의 CRM 마케팅에 도움이 되는 힌트를 얻을 수 있다. 예측 항목을 제대로 활용하려면 앞서 GA4의 '추천 이벤트' 양식에 맞는 이벤트 명과 매개변수 명으로 데이터가 수집되어야 한다.

▲ 사용자 전체 기간 : 예측

사용자 전체 기간 보고서에서만 활용할 수 있는 측정 항목으로 '사용자 전체 기간' 그룹이 있다. 이 그룹을 통해 사용자의 첫 방문일 등 사용자 기준의 데이터를 확인할 수 있다. 이를 통해 마케터는 고객의 장기적인 가치를 평가하고, 각 사용자 그룹별로 맞춤형 전략을 수립할 수 있다. 예측 데이터를 활용하면 보다 정교한 CRM 마케팅이 가능해져, 고객의 참여도와 충성도를 높이는 데 크게 기여할 수 있다.

∧ 사용자 전체 기간
☐ 전체 기간 거래
☐ 10번째 백분위수
☐ 50번째 백분위수
☐ 80번째 백분위수
☐ 90번째 백분위수
☐ 총계
☐ 평균
☐ 전체 기간 광고 수익
☐ 10번째 백분위수
☐ 50번째 백분위수
☐ 80번째 백분위수
☐ 90번째 백분위수

▲ 사용자 전체 기간 : 사용자 전체 기간 측정항목

✎ 구글 애널리틱스 4 설치 방법 ✎

지금까지 데모 계정을 통해 구글 애널리틱스 4에서 어떻게 보고서를 보아야 하는지 확인했다. 이번 섹션부터는 우리가 직접 GA4를 생성하고, 관리 권한을 가져야만 다룰 수 있는 여러 옵션을 세팅해 보겠다.

GA4를 처음 사용하는 경우 '구글 마케팅 플랫폼(Google Marketing Platform)' 사이트에 접속하여 GA에 접근할 수 있다. 구글 마케팅 플랫폼은 구글에서 제공하는 다양한 마케팅 툴을 제공하는 사이트로, GA4뿐만 아니라 구글 태그 매니저, DV360 등의 다양한 툴에 접근할 수 있다. 링크[*]를 통해 구글 애널리틱스 안내 화면으로 이동할 수 있다.

▲ 구글 마케팅 플랫폼에서 제공하는 툴

---

*   구글 마케팅 플랫폼 URL : https://marketingplatform.google.com/intl/ko/about/analytics

구글 애널리틱스 4 페이지에 접속하면, 화면 가운데와 오른쪽 상단에 있는 '지금 시작하세요' 버튼을 클릭하여 GA로 접근한다.

▲ 구글 애널리틱스 시작하기

로그인 화면이 나타나면 본인이 보유한 지메일(Gmail) 계정을 활용하여 로그인한다. 로그인을 마치면 아래와 같이 GA4 계정 생성 화면으로 이동하게 된다.

▲ 구글 애널리틱스 계정 생성 1

만약 해당 지메일(Gmail) 계정으로 앞서 데모에 접속했던 경우, 계정 생성 화면이 바로 보이지 않고 데모 계정 대시보드가 나타날 수 있다. 이런 경우 관리 화면에서 새로운 GA 계정을 생성해야 한다. 관리 화면은 데모 계정 GA4 왼쪽 사이드바 하단에 있는 톱니 모양 '관리' 아이콘을 클릭하여 접속할 수 있다. 관리 화면에 들어가서 옵션 창 왼쪽 상단의 '만들기'를 클릭하면 '계정 또는 속성' 선택 창이 나타난다. 여기서 '계정'을 클릭하자. 속성은 관리자 권한을 보유한 계정의 하위에서 생성할 수 있다.

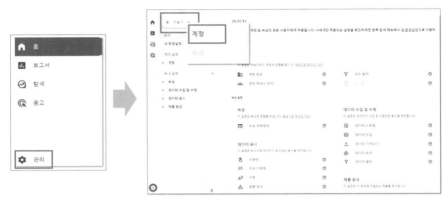

▲ 구글 애널리틱스 계정 생성 2

계정 생성 단계로 들어가면 계정 세부정보 창 하단에 계정 이름 입력란이 보일 것이다. 여기에 희망하는 이름을 입력하면 된다. 하단의 계정 데이터 공유 설정은 기본적으로 3개의 항목에 체크되어 있다. 이 부분의 체크 여부는 GA4의 운영에 큰 지장을 주지 않지만, 추후 예측 데이터 활용이나 GA 고객센터의 기술 지원을 받기 위해서는 체크가 필요하다. 이 선택지는 계정을 생성한 후에도 언제든지 변경할 수 있으니 편하게 넘어가도 된다.

▲ 구글 애널리틱스 계정 가입하기

다음 단계는 속성을 만드는 것이다. 이 단계에서는 원하는 속성의 이름과 보고 시간대, 통화 단위를 설정할 수 있다. GA에서 원하는 시간대와 통화 단위를 설정하고 '다음' 버튼을 클릭하자.

▲ 구글 애널리틱스 속성 만들기

다음으로 보여지는 화면은 '비즈니스 세부정보'이다. 여기서는 업종과 비즈니스 규모를 선택할 수 있다. 본인 상황에 맞는 선택지를 입력하면 된다. 이어서 나오는 화면은 '비즈니스 목표'이다. 비즈니스 목표를 어떤 것으로 선택하는지에 따라 기본값으로 생성되는 보고서의 종류가 달라진다. 선택에 너무 부담을 느낄 필요는 없다. 추후 생성된 GA4에서 보고서 컬렉션에 해당 보고서들이 모두 저장되어 있으므로 언제든지 꺼내서 사용할 수 있다. 지금 실습에서는 가장 하단의 '기준 보고서 보기'를 선택하고 '만들기'를 클릭하자.

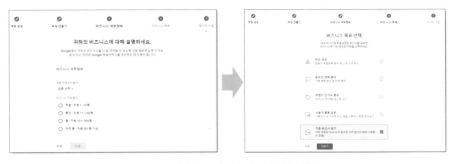

▲ 구글 애널리틱스 비즈니스 정보 및 목표 선택

서비스 약관 계약 화면이 나타나면 동의함을 클릭하면 이제 데이터 스트림을 생성할 수 있는 화면이 나타난다. 데이터 수집 화면에서는 데이터를 수집할 소스별로 데이터 스트림이 구분된다. 웹, Android, iOS 3개의 플랫폼에 대해 데이터 스트림을 생성할 수 있는데, 여기서는 실습하기에 용이한 '웹'을 선택하여 진행하겠다. 참고로 데이터 스트림은 여러 개를 생성하여 GA에서 플랫폼별로 통합된 데이터를 볼 수 있다.

▲ 데이터 스트림 선택

웹 데이터 스트림을 선택하면 스트림 정보를 입력하는 란이 나타난다. 이 정보를 통해 GA의 데이터 관리자는 해당 스트림이 어떤 데이터를 가지고 오는지 빠르게 파악할 수 있다.

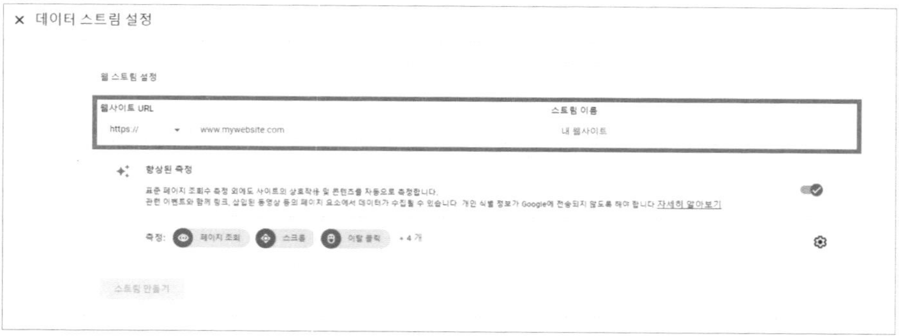

▲ 웹스트림 설정

수집하고자 하는 웹사이트의 URL과 스트림을 명명하자. 정보 입력란 하단에 '향상된 측정'란이 보인다. 이 항목은 향상된 이벤트 선택 도구로, 왼쪽 옆에 위치한 톱니바퀴 아이콘을 클릭하면 향상된 측정 이벤트 관련 세부 내용을 설정할 수 있다.

▲ 향상된 측정

원하는 이벤트 설정을 완료하고 다음으로 넘어가면, 비로소 데이터 스트림의 설정이 끝난다. 다음 단계는 생성한 데이터 스트림을 사이트에 설치하는 것이다. 사이트에 설치하는 방법은 설정을 마친 후 바로 보여지는 '설치 안내' 창에 맞춰 진행하면 된다. 만약 '설치 안내'가 자동으로 나타나지 않는다면 '스트림 세부정보'의 상단에 위치한 '태그 안내 보기' 버튼을 클릭하면 된다.

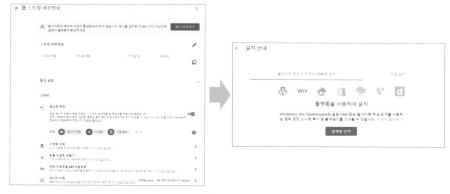

▲ 데이터 스트림 설치 1

　GA4 데이터 스트림을 설치하는 방법은 크게 두 가지로 구분된다. 첫 번째는 GA와 기술적으로 연계된 플랫폼에 데이터 스트림을 설치할 때 활용하는 기능이다.

　연동된 플랫폼에서는 마우스 클릭 몇 번으로 GA 태그를 설치할 수 있어 편리하다. 하지만 국내에서 대중적으로 활용하는 플랫폼은 몇 개 없으므로 국내 비즈니스에서는 많이 사용되지 않는다.

　두 번째는 태그를 직접 설치하는 방법이다. 국내에서는 대부분 직접 설치를 통해 GA의 데이터 스트림을 설치한다. 직접 설치 탭을 클릭하면 HTML 태그가 나타난다. 이 태그를 웹사이트의 〈head〉 영역에 삽입하면 된다. 회사 업무에서 실질적으로 삽입해야 하는 상황이라면 웹마스터 권한이 있는 분께 태그를 전달하여 설치를 요청하자.

　태그 설치가 완료된 후 수집된 데이터가 보고서에 나타나기까지는 최대 48시간이 소요될 수 있다.

아래에 이 계정의 Google 태그가 있습니다. 태그를 복사한 후 웹사이트의 각 페이지 코드에서 <head> 요소 바로 다음에 붙여넣으세요. Google 태그는 각 페이지에 하나씩만 추가합니다.

```
<!-- Google tag (gtag.js) -->
<script async src="https://www.googletagmanager.com/gtag/js?id=      I"></script>
<script>
  window.dataLayer = window.dataLayer || [];
  function gtag(){dataLayer.push(arguments);}
  gtag('js', new Date());

  gtag('config', 'I        I');
</script>
```

웹사이트 테스트(선택사항):

                                                              테스트

Google 태그 관리자 사용하기

여러 태그 관리 및 엔터프라이즈 워크플로를 포함한 추가 기능을 사용하려면 Google 태그 관리자를 설치하여 관리하세요. Google 태그 관리자에 대해 자세히 알아보기

ⓘ   유럽 경제 지역(EEA)에 거주하는 최종 사용자가 있는 경우 광고 개인 최적화 및 측정을 계속 활용할 수 있도록 동   시작하기
의 모드를 설정하세요.

▲ 데이터 스트림 설치 2

    GA 태그를 〈head〉 영역에 설치하라고 권장하는 이유를 알아보자. 우리가 보는 인터넷은 HTML이라는 언어로 구성되어 있다. HTML은 〈head〉와 〈body〉 영역으로 구분된다. 〈body〉 태그는 인터넷 사용자와 모니터에 보이는 실제 화면을 구성하는 부분이다.

    화면에 보여지는 페이지의 거의 모든 항목들은 〈body〉 영역에서 구현된다. 〈head〉에는 주로 사이트의 구조를 설계하는 태그가 들어간다. 〈head〉 부분은 사이트 전체의 구조를 정의하는 태그들이 공통적으로 들어가는 부분이기에 공통 영역이라고 불리기도 한다. 〈head〉 영역은 HTML 최상단에 위치하는 태그로, HTML은 위에서부터 아래로 차례로 로딩된다. 이 과정에서 위쪽에 위치한 태그가 아래에 위치한 태그보다 우선적으로 로딩된다. 즉, GA에서 〈head〉 영역에 태그를 심어달라고 권장하는 이유는 '공통' + '빠르게 로딩' 되는 영역에 태그를 넣어달라는 의미로 해석할 수 있다.

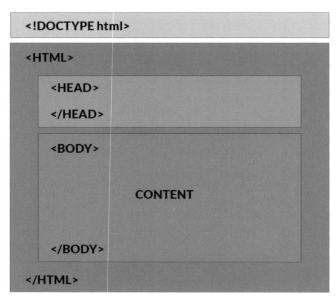

▲ HTML의 구조 / 출처 : https://www.codewithharry.com/tutorial/html-page-structure/

구글 애널리틱스 4 설치 점검 방법

구글 애널리틱스를 설치했다면, 제대로 설치되었는지 점검하는 것도 중요한 사항 중 하나이다. 이렇게 태그를 설치한 후 데이터가 의도된 대로 유입이 되는지 확인하는 과정을 디버깅(debugging)이라고 부른다. 점검하는 방법은 크게 두 가지로 나뉜다. 첫 번째는 GA에서 기본적으로 제공되는 실시간 보고서를 통해 데이터가 제대로 들어오는지를 확인하는 것이고, 두 번째 방법은 외부 툴의 대시보드를 이용해 확인하는 방법이 있다. 유형별 디버깅 방법을 알아보겠다.

GA 실시간 보고서를 통한 확인 방법

구글 애널리틱스의 실시간 보고서는 현재 사이트에 접속한 사용자의 데이터를 출력해주는 보고서이다. GA 태그가 정상적으로 설치되었다면, 사이트에 접속했을 때 해당 보고서에 트래픽이 기록되어야 한다. 웹사이트 데이터를 확인하기 위해서는 브라우저에서 제공하는 시크릿 모드를 활용하여 사이트에 접속하는 것이 좋다. 시크릿 모드는 웹 브라우저에서 사용할 수 있는 모드로, 웹서핑을 할 경우 해당 기기에 쿠키와 웹서핑 기록이 남지 않는다.

이 모드로 웹사이트에 접속하면 구글 애널리틱스 4에서 신규 사용자로 인식하게 된다. 크롬 브라우저의 경우, 일반 모드에서 Ctrl + Shift + N 을 누르거나, 윈도우 11 하단 작업 표시줄의 크롬 단축 아이콘에서 마우스 오른쪽 버튼을 클릭한 후 팝업 메뉴에서 '새 시크릿 창' 메뉴를 선택하면 된다.

▲ 크롬 시크릿 모드 접근 방법

　일반 모드로 사이트 데이터를 확인하려고 하면, 기존 쿠키 값이 남아 동일한 사용자로 인식되는 경우가 있다. 이런 경우 새로 접속한 사이트에 대한 데이터가 실시간 보고서에 보이지 않을 수 있어 시크릿 모드를 권장한다.

　테스트 방법은 간단하다. 설치한 GA4의 기본 보고서에서 실시간 보고서에 접속한 후, 시크릿 모드로 GA를 설치한 사이트에 접속해 보자. 몇 초 후 실시간 보고서에 데이터가 잡히는 것을 확인할 수 있다. 이렇게 실시간 보고서에서 데이터가 확인되면, 전체적으로 집계된 데이터도 확인할 수 있다. 다만 GA4 특성상 데이터가 집계되는 데 물리적인 시간이 필요하며, 집계된 데이터는 24~48시간 후에 기본 보고서나 탐색 보고서에서 확인할 수 있다.

▲ GA4 실시간 보고서를 통한 데이터 확인

외부 툴을 이용하여 태그를 확인하는 방법

사이트의 HTML 태그를 기반으로 GA4 설치 여부를 확인하는 방법도 있다. 크롬을 사용하는 경우, 크롬의 확장 프로그램을 사용하면 된다. 크롬 확장 프로그램은 '크롬이라는 브라우저에서 사용할 수 있는 프로그램'이라고 생각하면 된다. Android나 iOS 운영체제 기기를 더 유용하게 활용하기 위해 앱을 설치하듯이, 브라우저를 더 유용하게 사용하기 위한 프로그램들을 제공한다. 크롬의 경우 '크롬 웹 스토어', 엣지(Edge)의 경우 '엣지 추가 기능'이라는 사이트에 접속하여 부가 프로그램 설치가 가능하다.

▲ 크롬 웹스토어와 엣지 Add on

그럼 크롬 브라우저를 기반으로 테스트 방법에 대한 설명하겠다. 우선 크롬 웹 스토어에 접속하여 크롬 브라우저용 프로그램을 설치해야 한다. 우선 크롬 웹스토어에 접속한 후, 구글 검색창에 '크롬 웹스토어'라는 키워드로 검색을 하거나 크롬 브라우저 오른쪽 상단 '맞춤설정 및 제어' 창에서 확장프로그램 메뉴를 통해 접근한다.

▲ 크롬 웹 스토어 접속 방법

브라우저 환경의 스토어를 처음 이용하는 독자들이 있을 수 있기에 예시로 번역 프로그램 하나를 설치해 보겠다. 크롬 웹스토어 검색 창에 '번역'이라고 검색해 보자. 그러면 다양한 프로그램 목록이 나타난다. 필자는 가장 상단에 보이는 Google 번역을 클릭해 보자. 그러면 상세페이지 창이 나타나고 오른쪽 상단에 '크롬에 추가' 버튼이 보인다. 이 버튼을 클릭한다.

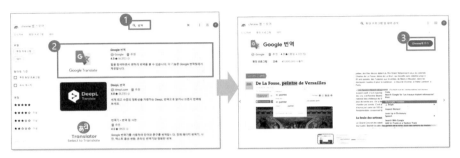

▲ 크롬 웹스토어에서의 확장 프로그램 설치 예시 1

그러면 추가 여부를 묻는 팝업이 나타난다. 여기서 '확장 프로그램 추가' 버튼을 누르면 몇 초 뒤 추가가 완료되었다는 안내 팝업이 뜬다. 안내 팝업이 뜸과 동시에 주소창 오른쪽에 설치한 프로그램의 아이콘이 잠시 나타나는데, 추후 이 아이콘을 클릭하여 프로그램의 기능을 활용할 수 있다.

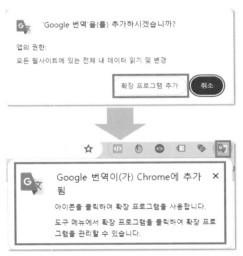

▲ 크롬 웹스토어에서의 확장 프로그램 설치 예시 2

확장 프로그램을 설치하면 주소 표시줄에서 아이콘이 잠시 나타났다가 사라진다. 사라진 아이콘을 주소 표시줄 옆으로 다시 불러오고 싶다면, 주소 표시줄 옆에 위치한 퍼즐 모양의 아이콘을 눌러서 내가 설치한 프로그램 이름 옆에 위치한 고정 버튼을 클릭하면 된다.

▲ 크롬 웹스토어에서의 확장 프로그램 설치 예시 3

그럼 지금부터 GA4 태그 설치 확인을 위해 많이 활용되는 대표적인 두 가지 확장 프로그램을 소개하고 툴 별 활용법을 함께 알아보겠다. 소개할 프로그램은 Tag Assistant Companion과 Omnibug이다.

▲ Tag Assistant Companion

Tag Assistant Companion은 구글에서 공식적으로 제공하는 태그 디버깅용 확장 프로그램이다. 이 프로그램을 통해 사이트 내 어떤 구글 태그들이 있는지, 실행된 이벤트가 무엇인지, 데이터레이어 영역 태그가 무엇인지 등을 손쉽게 확인할 수 있다. 크롬 웹 스토어에서 'Tag Assistant Companion'을 검색하여 설치하자. 설치가 완료되면, 크롬 브라우저 주소 표시줄 옆에 위치한 Tag Assistant Companion 버튼을 클릭한다.

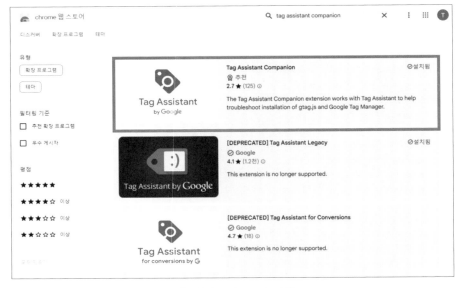

▲ Tag Assistant Companion 설치

버튼을 클릭하면 새로운 창이 하나 열린다. 이 상태에서 'Add domain' 버튼을 클릭하고 점검을 희망하는 도메인을 입력한 후 'Connect' 버튼을 클릭한다.

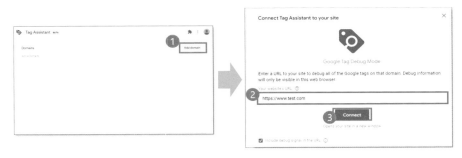

▲ Tag Assistant Companion 활용 1

'Connect' 버튼을 클릭하면 입력한 URL이 새 창으로 열리며, Tag Assistant 탭으로 이동해 보자. 점검을 희망하는 사이트에 구글 관련 태그가 설치되어 있는지 확인할 수 있다. 설치되어 있다면 구글 관련 태그들의 일련 번호가 나타난다. G는 GA4 태그를 의미하고, GTM은 구글 태그 매니저, AW는 구글애즈 관련 태그를 의미한다. 이런 방법으로 해당 사이트에 설치된 구글 태그들을 한눈에 확인할 수 있다.

▲ Tag Assistant Companion 활용 2

사이트에 구글 관련한 태그가 설치되어 있지 않은 경우, 이미지의 왼쪽과 같은 화면을 볼 수 있다. 화면에 No tags found라는 화면이 보이면 구글에 관련된 태그가 없다는 의미이다. 만약 GA를 설치한 이후에도 저런 메시지가 보여지면 태그가 제대로 설치가 되어 있는지 개발팀과 함께 점검할 필요가 있다.

설치가 되어 있다면 사이트에 설치되어 있는 구글 관련 태그들의 일련 번호들이 보여진다. 태그들을 보면 태그별로 시작하는 알파벳과 로고가 조금씩 다른 것을 확인할 수 있다. G는 GA4 태그를 의미한다. 그리고 GTM은 구글 태그 매니저, AW는 구글 애즈 관련 태그라는 의미이다. 이런 방법으로 해당 사이트에 설치되어 있는 구글 태그들을 한눈에 확인할 수 있다.

▲ Omnibug

Omnibug는 Tag Assistant Companion보다 사용법이 약간 더 복잡하지만, 구글 외에 다른 플랫폼의 태그도 함께 확인할 수 있는 장점을 가진 툴이다. 약 50여 개 종류의 태그를 한 번에 확인할 수 있어 디지털 마케터나 개발자가 디버깅할 때 많이 활용한다.

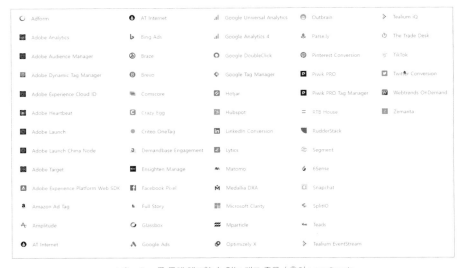

▲ Omnibug를 통해 체크할 수 있는 태그 종류 / 출처 : omnibug.io

크롬 웹 스토어에 접속하여 Omnibug를 설치하자. 설치된 Omnibug는 개발자 도구에서 활용할 수 있다. 크롬에서 점검을 원하는 사이트에 접속하고 개발자 도구를 열어보자. 개발자 도구를 여는 방법은 F12 혹은 Ctrl + Shift + I 를 누르면 된다.

개발자 도구가 열리면 화면 한쪽에 새로운 탭이 열린다. 상단 메뉴의 오른쪽에 위치한 '더 보기(More tabs)' 버튼을 클릭하고 Omnibug를 클릭한다.

▲ Omnibug 활용 1

그러면 현재 보는 페이지에서 발동되는 태그들이 나열된다. 여기서 설치한 GA4 태그가 있는지 확인하면 된다. GA4 태그 앞에 Page View 이벤트가 잘 나타나면 정상적으로 발동하고 있다고 해석할 수 있다. 점검하는 사이트에서 하나의 페이지만 보지 말고 다른 페이지에서도 GA4 Page View 태그가 잘 작동되는지 확인해야 한다.

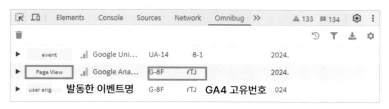

▲ Omnibug 활용 2

GA4에서 데이터를 추적하는 데이터 스트림은 각기 다른 번호를 가지고 있다. 설치하고자 하는 GA4의 일련번호와 점검하는 사이트에 설치된 GA4의 일련번호가 동일한지 확인하는 것이 중요하다. 사이트에서 새롭게 GA를 설치하는 경우에는 큰 문제가 없겠지만, 기존 사이트에 있는 GA 태그를 점검하는 과정에서는 기존 GA가 어떤 GA인지 확인할 필요가 있다. 이를 확인하기 위해 일련번호를 확인해야 한다. GA4 생성 및 일련번호 확인 방법은 이어지는 구글 태그 매니저 챕터에서 자세히 설명하겠다.

Chapter 02

Google
Tag Manager

- 구글 태그 매니저의 필요성
- 구글 태그 매니저 구조의 이해
- 구글 태그 매니저 설치를 위한 웹사이트 플랫폼 안내
- 구글 태그 매니저 설치
- 구글 태그 매니저를 활용한 태그 설치 : GA4 추적 코드
- 구글 태그 매니저를 활용한 태그 설치 : GA4 이벤트 태그
- GA 디버그 뷰를 통한 이벤트 태그 디버깅

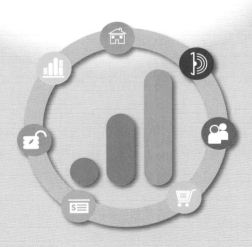

구글 태그 매니저의 필요성

Google Tag Manager(이하 GTM)는 웹사이트나 모바일 앱에 태그를 쉽게 추가하고 관리할 수 있게 해주는 무료 태그 관리 시스템이다. Google Analytics를 포함하여 Google Ads, Facebook Pixel과 같은 마케팅 및 분석 서비스를 위한 다양한 태그를 쉽게 관리할 수 있다.

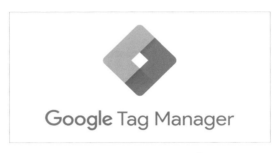

▲ Omnibug를 통해 체크할 수 있는 태그 종류 / 출처 : omnibug.io

GTM을 통해 태그를 안전하고 쉽게 관리할 수 있는 이유는 웹페이지의 HTML 코드를 직접 수정하지 않아도 되기 때문이다. GTM을 설치하면 자체 인터페이스를 통해 태그를 추가하거나 수정할 수 있다. GTM을 사용하기 위한 방법도 간단하다. GTM 사이트에서 발급받을 수 있는 '컨테이너'라 불리는 코드를 관리하고자 하는 웹사이트에 삽입하기만 하면 된다. 이후 모든 태그 관리는 GTM 인터페이스를 통해 이루어지며, 웹 개발 지식이 없는 사용자도 쉽게 접근할 수 있다.

GA4로의 전환 이후, GA를 관리하는 디지털 마케터 입장에서 GTM의 활용이 더욱 중요해졌다. GA4는 이벤트를 기반으로 데이터를 측정하므로, GA4에서 인식할 수 있는 이벤트를 얼마나 잘 설계하느냐에 따라 얻을 수 있는 정보의 질이 달라진다. GTM을 통해 이벤트를 적절히 설계하고 언제든지 수정할 수 있는 역량을 갖추면 마케터에게 두 가지 큰 장점이 생긴다.

커뮤니케이션 비용 절감을 통한 업무 효율성 상승

이벤트 태그를 설계하고 설치할 때 플랫폼의 인터페이스가 변경되지 않는다면 GTM이 필요하지 않을 수 있다. 그러나 플랫폼 디자인이나 구조가 업데이트되면 변경된 환경에 맞는 데이터 수집이 필요하다. 이 과정에서 기존에 설치한 이벤트 태그의 구조도 수정이 필요해진다. 내부 개발자가 매번 신속하게 업무를 도와주지 못하는 경우, 간단한 이벤트 태그 수정에도 많은 시간이 소요될 수 있다. 이러한 상황에서 GTM을 사용하면 마케터가 직접 태그 작업을 할 수 있어 불필요한 시간을 절약하고 업무 효율성을 높일 수 있다.

자체 태그 작업을 통한 퍼포먼스 캠페인 진행

구글, 메타, 네이버, 카카오와 같은 빅테크 기업의 플랫폼은 다양한 디지털 광고 상품을 마케터들에게 제공한다. 이러한 광고 상품 중 '전환 데이터'를 기반으로 최적화되는 상품들이 많아지고 있다. 이러한 추이는 Google Trend에서도 확인이 가능하다. 전 세계를 대상으로 '구매 전환 최적화'라는 주제의 검색량을 보면 지난 5년 동안 꾸준하게 증가하고 있다는 것을 알 수 있다. 'Conversion ads'라는 단일 키워드 검색량 또한 상승 추이를 보인다.

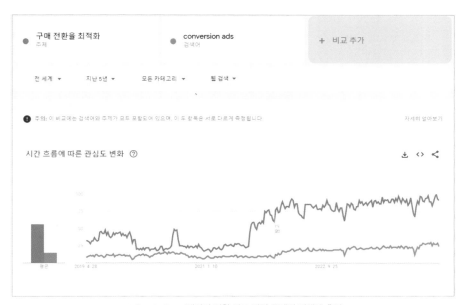

▲ Google Trend에서의 전환 광고 관련 주제의 검색량 추이

전환 데이터를 기반으로 최적화되는 광고 상품을 '전환 최적화 광고'라고 하며, 우리나라에서는 이를 '퍼포먼스 마케팅' 혹은 '퍼포먼스 광고'라고 부른다. 퍼포먼스 광고를 진행하기 위해서는 매체에서 발급받은 '전환 태그'를 웹사이트에 설치해야 한다. 이 과정이 선행되지 않으면 전환형 광고 자체가 세팅되지 않거나, 세팅되더라도 최적화가 제대로 이루어지지 않는다. 마케터가 GTM을 익숙하게 사용할 수 있다면, 매체에서 발급받은 태그를 자체적으로 설치하고, 전환 최적화 캠페인까지 신속하게 세팅할 수 있어 퍼포먼스 마케팅 성과를 개선하는 데 속도감을 얻을 수 있다.

구글 태그 매니저 구조의 이해

마케터가 Google Tag Manager(GTM)를 효과적으로 이용하려면 GTM의 기본 구조를 이해하는 것이 중요하다. GTM은 크게 5가지의 주요 구성 요소로 이루어져 있다. 계정, 컨테이너, 태그, 트리거, 변수로 각각의 요소가 어떤 역할을 하는지 살펴보자.

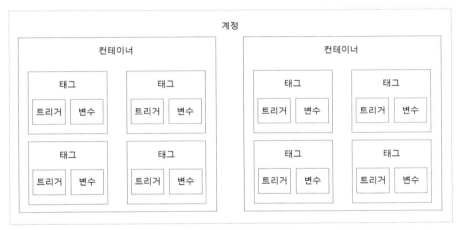

▲ 구글 태그 매니저의 구조

계정

구글 태그 매니저의 가장 큰 구성 요소는 계정이다. 구글 마케팅 툴의 일종인 태그 매니저를 활용하려면 구글 계정이 필요하다. 계정에 로그인 후, 웹이나 앱 또는 서버에서 사용할 수 있는 컨테이너를 생성하여 전체적인 구조를 관리할 수 있다.

컨테이너(Container)

컨테이너는 웹사이트 내 삽입되는 모든 태그를 담는 상자를 의미한다. GTM의 모든 작업은 컨테이너 안에서 이루어진다. 일반적으로 마케터는 각 관리하는 플랫폼별로 하나의 컨테이너를 설치한다. 컨테이너가 많아지면 특정 태그를 찾는 데 시간이 걸릴 수 있으므로, 컨테이너 내에서 제공하는 폴더 기능을 활용해 작업을 정리하는 것이 좋다.

태그(Tag)

태그는 일종의 명령어로, "어떤 것을 구현해"라는 의미를 갖는다. 예를 들어, 구글 애널리틱스로 데이터를 추적하려면 구글 애널리틱스에서 발급한 태그를 설치한다. 이는 데이터를 구글 애널리틱스로 전송하라는 명령어이다. 웹사이트 내 특정 이벤트 (버튼 클릭, 양식 작성, 파일 다운로드 등)를 수집하려면 해당 이벤트 데이터를 수집하는 태그를 설치해야 한다. GTM에서 태그는 어떤 데이터를 어떻게 수집할지를 명령하는 역할을 한다.

태그			
이름 ↑	유형	트리거 실행	폴더
Conversion_linker	전환 링커	All Pages	분류되지 않은 항목
DL_add_to_cart	맞춤 HTML		03_전자상거래
DL_BeginCheckout	맞춤 HTML		03_전자상거래
DL_Purchase	맞춤 HTML		03_전자상거래
DL_ViewItem	맞춤 HTML		03_전자상거래
GA4	Google 태그		01_basic_setting
GA4 Event - add_to_cart	Google 애널리틱스: GA4 이벤트		02_custom_event_purchase
GA4 Event - purchase	Google 애널리틱스: GA4 이벤트		02_custom_event_purchase
GA4 Event - view_item	Google 애널리틱스: GA4 이벤트		02_custom_event_purchase
Ga4 Npay 클릭 태그	Google 애널리틱스: GA4 이벤트		분류되지 않은 항목
GA4_scroll	Google 애널리틱스: GA4 이벤트		01_basic_setting
Meta Pixel	맞춤 HTML		분류되지 않은 항목
meta_npay 클릭 태그	맞춤 HTML		분류되지 않은 항목

▲ GTM을 활용한 태그 세팅 예시

트리거(Trigger)

트리거는 태그가 실행될 타이밍을 규정하는 요소이다. 예를 들어, 양식 작성 데이터를 수집하는 태그가 양식 작성과 무관한 상황에서 실행되면 안 된다. 트리거는 태그를 올바른 타이밍에 작동시키는 역할을 하며, 적절한 트리거 설정은 태그가 의도한 시점에만 발동되도록 한다.

페이지뷰	클릭	사용자 참여	기타
DOM 사용 가능	링크만	YouTube 동영상	기록 변경
동의 초기화	모든 요소	스크롤 깊이	맞춤 이벤트
창 로드		양식 제출	자바스크립트 오류
초기화		요소 공개 상태	타이머
페이지뷰			트리거 그룹

▲ GTM에서 제공하는 트리거 유형

변수(Variable)

변수는 말 그대로 변하는 값이다. 동적인 데이터 값을 다룰 때 많이 사용된다. 예를 들어, 여러 페이지를 가진 웹사이트에서 각 페이지의 URL 데이터를 수집하려면 변수를 사용한다. 변수를 사용하면 페이지 URL이 바뀌어도 모든 URL 데이터를 수집할 수 있다.

변수는 태그에서 활용되는 변수와 트리거에서 활용되는 변수 두 가지 경우로 나뉜다. 태그에서 활용되는 변수부터 알아보자. 변수는 데이터를 효율적으로 수집하기 위해 사용된다. 예를 들어, 여러 상품을 판매하는 사이트에서 각 상품 페이지의 조회 데이터를 수집하려면 변수를 사용해 모든 상품 페이지에서 발동하는 하나의 이벤트 태그를 설정할 수 있다. 페이지 URL이나 페이지 제목을 변수로 설정하면, 이 값들이 이벤트 데이터에 포함되어 효율적인 관리가 가능하다.

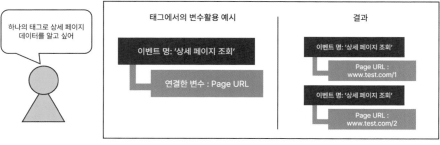

▲ 태그 데이터로 활용하는 변수

변수는 태그를 실행하는 조건을 정의하는 데 사용된다. 예를 들어, 구매 완료 페이지의 특정 URL을 트리거로 설정하면, 해당 페이지가 나타났을 때만 태그가 발동된다.

▲ 구매 완료 화면 예시

이때 구매 완료 페이지가 www.test.com/order_complete라고 가정하면, 트리거 유형을 '페이지 조회'로 설정하고, 변수는 Page URL, 변수의 값은 order_complete를 포함하는 규칙으로 세팅할 수 있다.

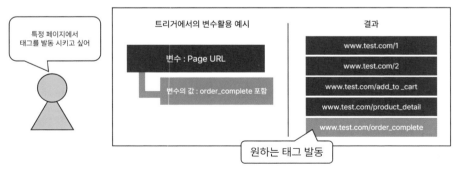

▲ 트리거 조건으로 활용하는 변수

구글 태그 매니저 설치를 위한 웹사이트 플랫폼 안내

지금부터 GTM 설치 방법에 대해 알아보자. 이 책을 통해 태그 매니저 설치를 함께 해보기 위해서는 HTML 수정 권한이 있는 웹사이트가 필요하다. 실습할 웹사이트가 없다면, 본인의 편의에 맞춰 두 플랫폼 중 하나를 선택하여 나만의 테스트용 사이트를 만들어보자. 두 플랫폼을 추천하는 이유는 단순히 필자가 타 강의나 컨설팅을 진행할 때 익숙하게 사용했던 플랫폼이기 때문이다. 그 이상의 의미는 전혀 없으니 독자들 중 본인에게 익숙한 플랫폼이 있다면 그 웹사이트를 사용해도 좋다.

티스토리

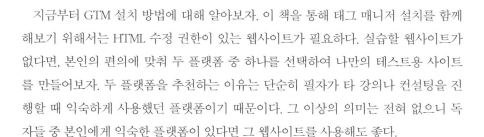

HTML 수정 기능을 제공하는 블로그 중 하나이다. 장점은 블로그 채널 개설이 굉장히 쉽고 간편하다는 것이다. 단점은 블로그이기 때문에 사이트 구조가 단순하여 전자상거래와 같은 태그를 구현해 보기에는 사이트 구조적으로 한계가 있다. GTM을 설치하고 이를 통해 다양한 태그를 구현해 보는 데 적합하다.

Cafe24

국내 1등 온라인 커머스 호스팅사이다. 시간을 들이면 실제 이커머스 사이트와 같은 웹페이지 구조 생성이 가능하다. 무료 버전에서 제공되는 기능만 활용하더라도 GTM을 기반으로 다양한 GA 태그 작업을 진행해 볼 수 있다. 단점은 초반에 사이트

를 구조화하고 상세페이지를 만드는 데 익숙하지 않다면 Cafe24 플랫폼을 활용하는 방법에 대해 자체적으로 스터디할 시간이 필요하다. 필자도 스터디를 위해 무료 버전으로 실습용 홈페이지를 만들어서 활용하고 있다. 아래 공유한 테스트용 사이트 URL[*]을 보면, 저 정도만 만들어도 실습을 할 수 있겠구나 라는 용기를 얻을 수 있을 것이다.

실습은 Cafe24 플랫폼에서 생성한 사이트를 기반으로 진행할 예정이다. 다시 한 번 언급하지만 꼭 Cafe24를 활용할 필요는 없으며, HTML 편집이 가능한 사이트가 있다면 그 어떤 사이트를 활용하여도 무방하다.

---

[*]   필자의 테스트 사이트 URL : https://vincenttest.cafe24.com

✎ 구글 태그 매니저 설치 ✎

구글 태그 매니저를 설치하려면 먼저 구글 태그 매니저 홈페이지에 접속해야 한다. 구글 검색창에 'Google Tag Manager'를 검색하거나 'https://tagmanager. google.com' 사이트에 직접 접속해 보자.

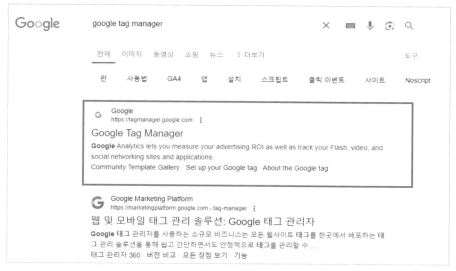

▲ 구글 태그 매니저 사이트 접속

구글 계정으로 로그인을 하라는 안내가 곧바로 나타난다. 보유한 구글 계정으로 접속하면 아래 이미지와 같이 GTM 계정 생성을 안내하는 화면으로 연결된다. 이 화면에서 오른쪽 상단에 위치한 '계정 만들기' 버튼을 클릭해 보자.

▲ 구글 태그 매니저 설치 1

아래 이미지와 같이 GTM 계정 및 컨테이너 설정을 할 수 있는 인터페이스가 나타난다. 여기서 원하는 계정 및 컨테이너 이름을 입력하고 타겟 플랫폼을 현재 실습 환경에 맞는 '웹'으로 선택한다. 추후 현업에서 GTM을 사용하게 되면 본인이 활용하고자 하는 적절한 타겟 플랫폼을 선택하여 생성을 이어 나가면 된다.

▲ 구글 태그 매니저 설치 2

생성을 완료하면 GTM 컨테이너에 곧바로 접속된다. 그리고 방금 생성된 GTM 컨테이너에 대한 태그가 팝업 형태로 나타난다.

▲ 구글 태그 매니저 설치 3

이 태그를 보면 GTM을 설치하는 데 필요한 두 개의 태그가 있다는 것을 알 수 있다. 위 상단 태그는 ⟨head⟩ 공통 영역에 설치해야 하는 태그이고, 하단의 상대적으로 짧은 태그는 ⟨body⟩ 영역에 설치하면 된다.

만약 팝업이 순간적으로 나타나서 닫아 버렸다면 GTM 메인 화면 오른쪽 상단에 보이는 컨테이너 일련번호를 클릭하자. 컨테이너 태그가 처음과같이 팝업 형태로 다시 보인다.

▲ 구글 태그 매니저 설치 4

태그를 설치하는 방법은 간단하다. Cafe24를 이용하는 경우에는 '쇼핑몰 관리자'에 접속하여 '쇼핑몰 설정 〉 기본 설정 〉 검색엔진 최적화(SEO) 〉 고급설정 하위에 위치한 코드 직접 입력'을 클릭한다.

그리고 보여지는 화면에서 ⟨head⟩ 및 ⟨body⟩ 영역에 컨테이너 태그를 그대로 복사 및 붙여넣기하면 된다. PC 쇼핑몰과 모바일 쇼핑몰 둘 다 동일한 방식으로 태그 설치가 필요하다.

▲ 구글 태그 매니저 설치 5

티스토리를 활용하는 경우에는 스킨에 직접 설치를 진행해야 한다. 티스토리에서는 카카오 계정을 활용하여 손쉽게 블로그를 생성할 수 있다. 블로그를 생성한 후설정 창으로 이동해 보자. 만약 설정 창으로 이동하는 방법을 모르겠다면, 티스토리메인 화면에서 오른쪽 상단 프로필 아이콘을 누른다. 그러면 내가 생성한 블로그 리스트가 보이는데, 블로그 이름 옆에 위치한 톱니바퀴 모양을 클릭하면 해당 블로그의 설정 창으로 이동할 수 있다.

▲ 구글 태그 매니저 설치 6

설정 창으로 이동하여 왼쪽 메뉴바를 살펴보면 중간에 '꾸미기' 카테고리가 보일 것이다. 여기서 '스킨 편집'을 클릭한다. 스킨 편집을 클릭하면 내가 만든 블로그 화면이 보이고, 화면 왼쪽에 아래 이미지와 같은 메뉴 창이 나타난다. 여기서 상단에 있는 'HTML 편집' 버튼을 클릭한다.

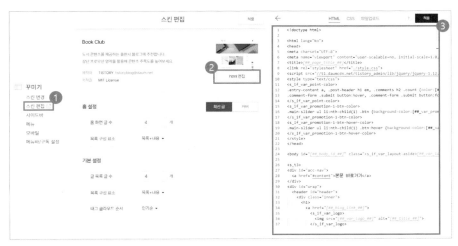

▲ 구글 태그 매니저 설치 7

그러면 블로그 화면을 이루고 있는 HTML 태그들이 나타난다. 블로그를 생성할 때 선택한 스킨에 따라 보여지는 HTML 구성 요소가 다를 수 있다. 책을 보며 따라 하는데 HTML이 다른 것에 큰 의미를 두지 말자.

이제 이 HTML에 직접 GTM 컨테이너 태그를 삽입해 보자. 그러려면 〈head〉와 〈body〉의 위치를 파악해야 한다. 티스토리의 HTML에서 Ctrl + F를 클릭하여 〈head〉와 〈body〉를 각각 검색해 보자. 필자의 경우 다음과 같이 〈head〉의 범위와 〈body〉의 범위가 나타난다.

▲ 구글 태그 매니저 설치 8

각각의 범위 내에 편한 위치에 GTM의 컨테이너 태그를 복사해 붙여넣기하면 된다. 권장하는 방법은 각 범위 시작점 바로 하단에 Enter↵로 칸을 띄운 후 태그를 넣어 주면 안전하다.

▲ 구글 태그 매니저 설치 9

설치가 완료되었다면 테스트를 해보자. 테스트 방법은 GA4 태그 확인 방법과 동일하다. Tag Assistant Companion 또는 Omnibug 크롬 확장 프로그램에서 내가 설치한 구글 태그 관리자와 동일한 일련번호의 태그가 나타나는지를 확인하는 방법이다. 내가 설치한 GTM의 일련번호 확인 방법은 '구글 태그 매니저 설치 4' 이미지에 있는 GTM 인터페이스 화면을 참고하자. 설치 후 발동되는 GTM 태그의 일련번호와 내가 설치한 태그의 일련번호가 동일하면 이상 없이 설치가 된 것이다. 각 확장 프로그램의 자세한 방법은 Chapter 01의 구글 애널리틱스 4 설치 점검 방법 부분을 참고하자.

▲ 구글 태그 매니저 설치 확인 1

    확장 프로그램을 활용하는 방법 외에 GTM에서는 다른 확인 방법을 시스템 자체적으로 제공한다. GTM 인터페이스에서 일련번호 부분을 클릭하면 보여지는 컨테이너 태그 화면에서 '웹사이트 테스트' 기능을 활용하는 것이다. 태그 설치 후 내가 컨테이너 태그를 설치한 웹사이트 URL을 해당 입력란에 넣고 오른쪽 '테스트' 버튼을 클릭해 보자. 정상적으로 설치가 되었다면 로딩 이후 내가 입력한 사이트 URL 왼쪽 부분에 동그라미 체크 표시가 나타난다. GTM 컨테이너 태그 설치를 진행한다면 자체적으로 꼭 테스트를 진행하자.

▲ 구글 태그 매니저 설치 확인 2

✏ 구글 태그 매니저를 활용한 태그 설치 : GA4 추적 코드 ✏

GTM 컨테이너를 설치했다면 본격적으로 GTM을 활용해 보자. 우리가 먼저 해볼 실습은 GTM을 활용해 Chapter 01에서 배웠던 GA4를 설치하는 것이다. 실습 전에 우리가 준비해야 할 것은 3가지가 있을 것이다. GTM 계정, GTM을 설치한 웹사이트, 그리고 관리 권한을 갖고 있는 GA4이다.

우선 GA4 데이터 스트림 정보를 준비할 것이다. 이 책을 처음부터 잘 따라왔다면 내가 관리 권한을 갖고 있는 GA4 계정까지 모두 보유하고 있을 것이다. 잘 기억나지 않는다면 '구글 태그 매니저 설치' 내용을 참고하자. 그럼 GA4 설정에 접속하여 데이터 스트림에 접속해 보자.

▲ GA4 데이터 스트림 접속

데이터 스트림에 접속하면 다음 이미지와 같이 우리가 이전에 생성하였던 스트림에 대한 세부정보가 보인다. 여기서 우리에게 필요한 정보는 '측정 ID' 값이다. 이 측정 ID를 기억하고 GTM으로 넘어가 보자.

▲ GA4 데이터 스트림 '측정 ID' 확인

이제 내가 생성한 GTM의 컨테이너에 접속하자. 왼쪽 사이드바 메뉴에 있는 '태그' 버튼을 클릭하고, 이어서 '새로 만들기' 버튼을 클릭한다.

▲ GTM으로 GA4 추적 태그 생성

그러면 '태그 구성'과 '트리거'가 동시에 보여지는 화면이 나타나는데, 여기서 '태그 구성'을 클릭한다. 태그 구성에서는 GTM에서 제공하는 다양한 태그 유형을 선택할 수 있다. 여기서 가장 위에 위치한 'Google 애널리틱스' 버튼을 선택한다.

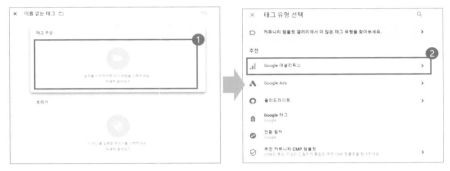

▲ GTM 태그 구성 선택

이어서 나타나는 화면에서는 Google 애널리틱스 태그 중 'Google 태그' 또는 'GA4 이벤트'를 선택할 수 있다. 지금은 이벤트가 아니라 데이터 추적을 위한 태그를 설치하는 과정이므로 'Google 태그'를 선택한다. 'Google 태그'를 선택하면 '태그 ID' 입력란에 내가 생성한 GA4 측정 ID 값을 입력해야 한다. 앞에서 확인하였던 GA4의 측정 ID를 복사하여 그대로 붙여넣는다. 이후에는 아래 이미지 ❸번 부분에 있는 GTM에서 관리할 태그 이름을 명명하면 된다. 그러면 GA4 태그 작업이 끝난다.

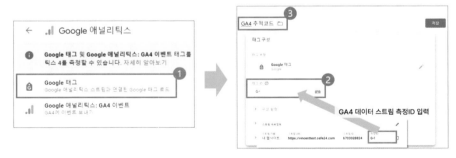

▲ GTM을 활용한 GA4 추적 태그 생성

다음으로 해야 할 것은 생성한 GA4 태그에 트리거를 매칭하는 것이다. 내가 만든 태그가 언제 발동하게 할 것인지 정의하는 단계이다. 태그 구성을 완료하면 생성한 태그가 간단하게 요약되고 그 하단에 위치한 '트리거' 탭을 활용하면 된다. 트리거 탭을 클릭하면 GTM에서 기본으로 제공하는 트리거가 몇 개 보이는데 그중에 페이지 뷰 유형의 All Pages를 선택하자.

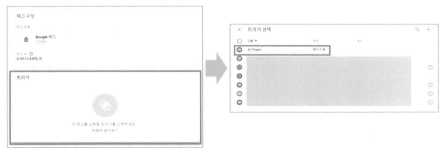

▲ GA4 추적 태그에 트리거 맵핑

트리거까지 선택하면 GTM으로 생성한 태그와 트리거를 생성하는 과정에서 선택한 요소들이 간략하게 요약된다. 의도대로 세팅되었는지 확인하고 이상이 없다면 오른쪽 상단 '저장' 버튼을 클릭한다.

▲ GTM 태그 저장

'저장' 버튼을 클릭하면 GTM 메인 화면으로 이동하게 되고, 오른쪽 사이드바의 '태그' 메뉴에서 방금 생성한 태그가 리스트업 된 것을 확인할 수 있다. 여기까지가 GTM에서 태그를 생성하는 과정이다. GTM 태그를 생성한 후에는 웹사이트에 적용하는 과정이 남아 있다.

홈페이지에 태그를 적용하기 전에는 신중해야 한다. 태그가 한 번 적용되면 수정하기 전까지 해당 태그 조건에 맞춰 데이터가 즉각적으로 들어오기 때문이다. 그래서 GTM에서는 태그를 적용하기 전 테스트를 해볼 수 있도록 '미리보기' 기능을 제공한다. 미리보기는 GTM 메인 화면 오른쪽 상단에 위치해 있다. '미리보기' 버튼을 클릭해 보자.

▲ GTM 미리보기 접속

미리보기를 클릭하면 앞서 보았던 Tag Assistant Companion 화면이 나타난다. 다른 점은 화면 중앙 하단부에 GTM에서 만든 태그들이 리스트업된다는 것이다. 리스트업 되는 태그들은 Tags Fired와 Tags not Fired 두 가지 카테고리로 구분된다.

▲ GTM 미리보기 모니터링 화면

GTM에서 생성한 태그들 중 발동한 태그와 발동하지 않은 태그를 구분해 주는 기능이다. 우리가 GTM에서 만든 GA4 추적 코드는 모든 페이지에서 발동하도록 세팅했다. 미리보기에 연동된 웹사이트에서 다양한 페이지를 들어가 보면서, 발동되지 않는 페이지가 있는지 확인해 보자.

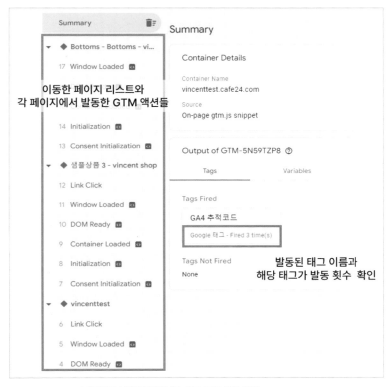

▲ GTM에서 페이지 마다 GA 태그 발동 여부 확인

'발동된 태그' 항목에 GA4 태그가 원하는 시점에 잘 발동되는 것을 확인했다면, 홈페이지에 적용하는 단계만 남았다. 적용하기 위해서는 우리가 만든 태그를 GTM에서 웹사이트로 '게시'해야 한다. 게시를 위해 GTM 메인 화면에서 '미리보기' 버튼 옆에 위치한 '제출' 버튼을 클릭해 보자.

▲ GTM 태그 웹사이트 제출

'제출' 버튼을 클릭하면 컨테이너에서 작업한 내역이 나타나고, 해당 내역에 대한 게시 여부를 한 번 더 확인하게 된다. 여기서 '버전'이라는 이름으로 텍스트를 입력하는 칸이 나타나는데, 이는 게시 전에 작업한 내역을 기록으로 남기는 역할을 한다. 꼭 입력하지 않아도 되지만, 추후 히스토리를 파악할 때나 여러 담당자가 하나의 컨테이너로 작업할 때 작업 내용을 서로 공유할 수 있기에 입력을 습관화하는 것이 좋다. 작업 내용을 확인하고 내용을 입력했다면 '게시' 버튼을 클릭하자.

▲ GTM 변경사항 제출 및 게시

잠깐 로딩 화면이 보이고 이후 게시된 버전과 웹사이트에 적용된 작업 내역이 최종적으로 보인다. 이 과정까지 마쳤다면 GTM을 통해 GA4 추적 코드를 성공적으로 설치한 것이다.

▲ GTM 게시 후 결과 화면 예시

GA4 추적 코드를 설치했다면 다른 툴에서도 정상적으로 태그가 확인되는지 체크가 필요하다. 이전에 설명했던 Omnibug를 통하여 의도한 타이밍에 태그가 잘 잡히는지 확인해 보자. 마지막으로 GA4 실시간 보고서에서 Page View 트래픽 데이터도 잘 유입이 된다면, 작업이 정상적으로 마무리되었다고 볼 수 있다.

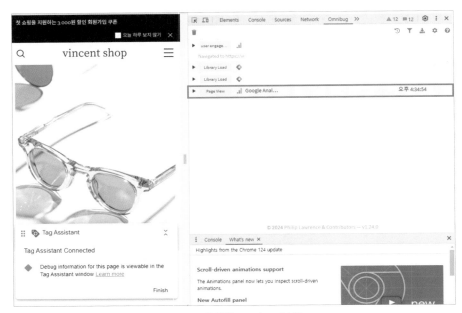

▲ Omnibug를 통한 GA4 태그 더블 체크

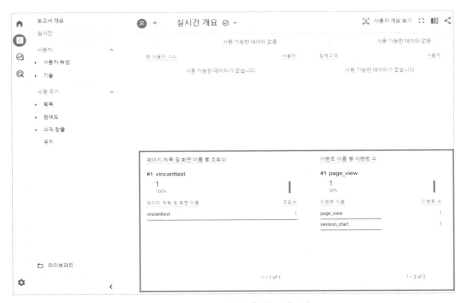

▲ GA4 실시간 보고서를 통한 태그 더블 체크

구글 태그 매니저를 활용한 태그 설치 : GA4 이벤트 태그

이번 섹션에서는 GA4의 이벤트 태그를 설치하는 방법에 대해 알아보자. 이벤트 태그를 설치하는 원리는 앞서 보았던 GA4 추적 코드 설치와 동일하다. 다른 점은 이벤트 태그의 경우, 추적 코드와 다르게 모든 페이지마다 발동하는 것이 아니라, 일부 내가 의도한 타이밍에만 발동해야 한다는 점이다. 따라서 태그에 대한 트리거를 어떻게 세팅하는지가 중요하다. 이번 섹션에서는 먼저 이벤트 태그를 생성하는 방법을 배우고, 트리거에서 '페이지 뷰'와 '클릭' 두 가지 유형에 대한 세팅 방법을 차례로 알아볼 것이다.

이벤트 태그 생성

첫 번째로, 이벤트 태그 자체를 생성하는 방법이다. 이벤트 태그를 생성하는 것은 어렵지 않다. 우선 GTM으로 들어가자. GTM에서 왼쪽 사이드바의 태그 메뉴를 클릭하고, Google 애널리틱스 태그 유형으로 들어가서 'Google 애널리틱스 : GA4 이벤트'를 선택한다.

GA4 이벤트 유형에서는 대표적으로 두 가지 항목만 입력하면 된다. '측정 ID'와 '이벤트 이름'이다. 어떤 이름의 이벤트를 어떤 GA 데이터로 보낼 것인지를 결정하는 것이다. 예를 들어, 이벤트 이름을 '구매완료'라고 하고 측정 ID에 내가 생성한 GA4의 측정 ID를 입력하면, 내 GA4로 내가 입력한 이름의 이벤트 데이터를 보내겠다는 의미이다.

▲ GA4 이벤트 태그

하단에 위치한 '이벤트 매개변수'는 내가 설정한 이벤트에 대해 추가적인 정보를 함께 수집하는 기능이다. 이 기능을 제대로 활용하려면 '변수'를 활용해야 한다. 매개 변수 세팅에 대한 자세한 부분은 후반부에 다시 언급하겠다. 생성한 GA4 이벤트를 발 동시키기 위한 트리거 생성 방법을 유형별로 알아보자.

▲ 이벤트 매개변수 예시

트리거 생성

GTM에서 생성할 수 있는 트리거 유형은 다양하지만, 마케터가 실무적으로 가장 많이 활용하는 트리거 유형은 '페이지 뷰'와 '클릭' 이렇게 두 가지다. 사용자가 웹사이트에서 행동하는 액션의 유형 자체가 어떤 페이지를 열거나, 어떤 버튼을 클릭하는 것으로도 많은 것을 표현할 수 있기 때문이다. 그럼 유형별로 자세히 알아보자.

1. 페이지 뷰 유형 트리거 생성

GTM에서의 페이지 뷰 트리거 유형은 웹사이트의 특정 페이지가 로드될 때마다 작동하도록 설정된 트리거이다. 이 트리거는 사이트 방문자의 페이지 뷰를 추적하여 방문자의 행동과 상호작용을 파악하는 데 필수적이다. 페이지 뷰 트리거는 주로 사용자의 세션 동안 방문한 페이지 수, 특정 페이지의 방문 빈도, 사용자가 사이트에 도달하는 경로 등의 데이터를 수집하는 데 사용된다.

그럼 지금부터 페이지 뷰 트리거 세팅 방법에 대해 알아보자. GTM 메인 화면에서 왼쪽 사이드바를 확인해 보자. 여기서 트리거를 선택하고 오른쪽 상단에 '새로 만들기'를 선택한다. 페이지 뷰 유형을 보면 여러 가지 선택지가 보여지는데, 그중 DOM 사용 가능, 창 로드, 페이지 뷰 세 가지가 특정 페이지가 로드될 때 이벤트를 발동시키는 트리거이다. 이들은 특정 페이지가 열렸을 때 발동시키겠다는 목적과 속성은 동일하지만, 기술적으로 약간의 차이가 있다.

▲ 페이지 뷰 유형

• **페이지 뷰(Page View)** : 웹브라우저가 페이지를 로드하기 시작하면 즉시 실행

된다. 페이지 노출을 통해 생성된 데이터만 필요한 경우 이 옵션을 사용한다. 사용자가 웹사이트의 홈페이지에 접속할 때마다 분석 데이터를 수집하는 태그를 실행하는 데 사용된다.

- **DOM 사용 가능(DOM Ready)** : 이 트리거는 HTML 문서의 DOM(문서 객체 모델)이 완전히 로드되고 조작 가능한 상태가 되었을 때 활성화된다. 사용자가 페이지의 구조적 요소에 상호작용하기 전에 특정 스크립트나 기능을 실행할 수 있다. 그렇기에 DOM과의 상호작용을 통해 변수를 입력하는 페이지 뷰 기반 태그에서는 올바른 변수를 태그 관리자에서 사용할 수 있도록 이 트리거 유형을 사용해야 한다.
- **창 로드(Window loaded)** : 이미지 및 스크립트 등 모든 삽입된 리소스를 포함하여 페이지가 완전히 로드된 후 실행된다. 이는 페이지 로드의 마지막 단계를 추적하며, 로드 시간 분석 또는 페이지 전체의 성능을 측정하는 태그에 사용된다.

> ## 페이지 뷰 > DOM 사용 가능 > 창 로드

▲ 일부 페이지 뷰 선택

발동 시점만 보았을 때 빠르기는 '페이지 뷰 〉 DOM 사용 가능 〉 창 로드' 순이다. 그래서 마케터 입장에서는 특정 페이지가 열리는 과정에서 가장 빠른 타이밍에 이벤트 태그를 로드하고 싶다면 페이지 뷰로 설정해도 무방하다.

▲ 일부 페이지 뷰 선택

그렇다면 어떻게 그 타이밍을 규정할 것인지를 정의해 주어야 한다. 정의를 하는데 '변수'가 사용된다. 앞부분에서 트리거 유형에서 활용되는 변수를 본격적으로 활용하는 것이다. 신규 컨테이너에서 첫 번째로 보여지는 Page Hostname이 쓰여 있는 부분이 변수의 이름을 선택하는 영역이다. 이 부분을 클릭하면 GTM에서 제공하는 다른 변수들이 보여진다. 여기서 내가 의도하는 사이트의 특정 페이지를 정의해 주면 된다. 페이지 뷰 변수에서 대표적으로 사용되는 변수가 Page URL이다. 특정 페이지를 정의하기에 사용자 입장에서 가장 직관적이기 때문이다.

Page URL 변수를 선택하고 이제 변수에 대한 값을 정의하자. 변수의 키(Key) 옆에는 값을 어떤 조건으로 정의할 것인지를 입력해야 한다. 여기서부터 상황에 따라 정의하는 방식이 바뀐다. 예를 들어, 필자의 테스트 페이지에서 직접 결제를 해보고 해당 페이지 URL을 기반으로 설명을 이어가 보겠다.

▲ 이벤트 매개변수 예시

테스트 페이지를 실제로 운영하고 있다고 가정하고, 우리가 이 페이지에서 '구매 완료'라는 이름의 이벤트 태그를 발동시키고자 한다고 가정해 보자. 먼저, 우리는 웹 사이트에서 어떤 행위를 '구매 완료'한 행위로 규정할 것인지를 정의해야 한다. 마케터 입장에서 구매 완료 시점에 태그를 발동시키고자 할 때에는, 일반적으로 다음 이미지와 같이 구매가 완전히 완료되었을 때 보여지는 화면이 로딩된 시점을 트리거 시점으로 설정하게 된다. 그러면 이 화면이 로딩된 이후 다음 스텝은 무엇일까?

▲ 테스트 페이지 구매완료 화면과 URL
URL : https://vincenttest.cafe24.com/order/order_result.html?order_id=20240513.0000011

URL을 자세히 살펴보자. URL을 보면 메인 도메인이 있고, 이어서 구체적인 페이지를 규정하는 디렉토리가 나타난다. 그리고 '?'라는 구분자 뒤에 주문번호가 표시된다.

▲ URL 정보 분석

이러한 상황에서 메인 도메인 부분은 웹사이트의 모든 영역에 적용되는 부분이고, 주문번호는 같은 페이지라도 매번 변경되는 영역이다. 따라서 우리가 트리거로 잡아야 하는 부분은 구매 완료 페이지를 의미하는 페이지 디렉토리 부분이다. 페이지 뷰 트리거 유형은 이렇게 URL로부터 힌트를 얻을 수 있다. 이제 GTM으로 돌아가 보자.

우리는 GTM의 트리거에서 Page URL이라는 Key에 대한 값으로 구매 완료 디렉토리인 order/order_result.html 부분이 들어가야 한다는 것을 이해했다. 이제 중요한 것은 우리가 얻은 값에 대한 조건을 설정하는 것이다.

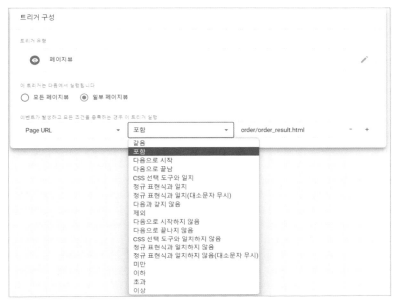

▲ GTM 변수 값 입력 조건

변수의 값을 넣는 조건은 다양하다. 이 조건들 중 우리에게 필요한 조건은 해당 텍스트가 포함된 URL이 열렸을 때 태그가 발동되도록 하는 것이다. 따라서 '포함' 조건으로 세팅하는 것이 적절하다. 상황에 맞는 조건을 선택했다면 우측 상단의 '저장' 버튼을 클릭하여 우리가 생성한 트리거를 GTM에 저장한다. 트리거를 생성했다면, 이제 태그와 연결하는 작업이 진행되어야 한다. 앞서 생성한 GA4 이벤트 태그에 방금 생성한 트리거를 연결하면 작업이 완료된다.

▲ 페이지 뷰 트리거와 태그 연결

2. 클릭 유형 트리거 생성

클릭 유형 트리거 생성에 대해 알아보자. 페이지 뷰 유형과 함께 많이 활용되는 유형은 무언가를 클릭했을 때 발동하는 트리거 유형이다. GTM에서 클릭 유형의 트리거는 말 그대로 사용자의 클릭 동작을 기반으로 태그를 활성화하는 데 사용된다. 이 트리거 유형은 웹 페이지 내의 특정 요소, 예를 들어 버튼, 링크 또는 이미지 클릭 시 특정 태그가 실행되도록 설정할 수 있다. 클릭 트리거는 주로 '네이버 페이'와 같은 간편 결제 전환, 버튼 클릭 분석, 소개서 다운로드 같은 데이터를 수집하여 마케팅적으로 활용할 수 있다.

클릭 유형 트리거를 생성하기 위해 필요한 정보는 내가 트리거로 세팅하고자 하는 요소가 어떤 클릭 관련 데이터를 갖고 있는지를 확인하는 것이다. 페이지 뷰의 경우 브라우저에서 제공하는 URL 데이터가 주소창에 직관적으로 보였지만, 클릭의 경우 직관적으로 보여지지 않는다. 따라서 본격적인 세팅에 앞서 내가 클릭하고자 하는 요소의 데이터를 확인해야 한다. 이 작업은 GTM에서 제공하는 변수들을 활용하면 쉽게 해결할 수 있다. 먼저 GTM으로 이동하여 변수 탭으로 들어가 보자. 변수 탭에서 오른쪽 상단에 있는 '구성' 버튼을 클릭한다.

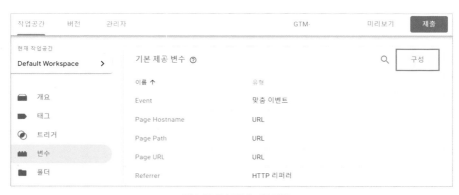

▲ 변수 탭에서 '구성' 버튼 클릭

'구성' 버튼을 클릭하면 GTM에서 제공하는 기본 변수들의 목록이 나타난다. 여기서 제공되는 '기본 제공 변수'는 사용자가 자주 사용하는 정보를 자동으로 수집하여, 태그와 트리거 설정 시 쉽게 활용할 수 있도록 돕는 미리 정의된 변수들이다. 이 변수들은 웹페이지의 다양한 속성 및 사용자 활동 데이터를 손쉽게 접근하고 활용할 수 있게 도와준다.

기본 제공 변수들은 9가지 카테고리로 구분되어 있다. 각 카테고리는 특정한 유형의 정보를 추적하고 활용할 수 있도록 돕는다. 다음은 각 카테고리별로 제공하는 정보이다.

- **페이지(Page)** : 현재 로드된 웹 페이지의 다양한 정보
- **유틸리티(Utilities)** : 태그 관리와 디버깅을 돕는 다양한 도구 관련 정보
- **오류(Errors)** : 웹 페이지 로딩 중 발생하는 오류에 대한 정보
- **클릭수(Clicks)** : 사용자가 웹 페이지에서 클릭한 요소들에 대한 정보
- **양식(Forms)** : 웹 페이지에서 제출된 폼에 대한 정보
- **기록(History)** : 브라우저의 히스토리 상태 변화에 대한 정보
- **동영상(Videos)** : 웹 페이지에서 재생되는 동영상에 대한 정보
- **스크롤(Scroll)** : 사용자가 웹 페이지를 스크롤한 정도와 관련된 정보
- **공개상태(Visibility)** : 특정 요소의 가시성 상태를 추적

이 중 '클릭수' 카테고리에 포함된 모든 변수 요소를 체크하자.

▲ GTM에서 제공하는 기본 제공 변수 중 클릭 요소 선택

클릭 관련 변수들을 체크하면 자동적으로 체크한 변수들이 GTM의 변수 목록에 자동으로 추가된다. 추가된 것을 확인하였다면, 이제 임시로 클릭 관련 태그와 트리거를

만들어 보자.

먼저, GTM에서 '모든 클릭'이라는 이름으로 이벤트 태그를 생성하자. 기존에 이벤트 태그를 생성했던 방식과 동일한 방법으로 태그를 생성하면 된다. '모든 클릭'이라는 이름의 이벤트 태그를 생성하고 '저장' 버튼을 클릭하자.

▲ '모든 클릭' 이름으로 이벤트 태그 생성

이제 트리거를 만들어 보자. 트리거 탭으로 이동하여 '새로 만들기' 버튼을 클릭한다. 이전에는 트리거 유형에서 '페이지 뷰' 관련 내용을 선택했다면 이번에는 그 하위에 있는 '클릭' 유형에서 '모든 요소'를 선택한다. 그리고 기본값으로 설정되어 있는 '모든 클릭'으로 트리거를 생성하고 '저장' 버튼을 클릭한다.

▲ 클릭 유형의 모든 요소 트리거 생성

이렇게 생성한 태그와 트리거를 연결하고 최종적으로 저장하면 된다.

▲ 클릭 유형 태그와 트리거 연결

이렇게 GTM에서 제공하는 기본 변수를 활용하여 우리가 원하는 요소의 클릭 데이터를 수집할 수 있는 준비가 완료되었다. 이제 이렇게 만든 임시 태그를 활용하여 데이터를 수집해 보자. GTM에서 '미리 보기' 버튼을 클릭해 GTM 컨테이너를 설치한 웹페이지 URL을 열어보자. 여기서 이제 내가 데이터를 얻고자 하는 클릭 요소를 직접 클릭해 보자. 클릭 후 모니터링 화면으로 이동하면 사이드 바에 아래와 같이 내가 클릭한 순간 'Click'이라는 항목이 나타난다. 원하는 시점에 발동한 'Click'을 선택하고, 가운데 창에서 'Variable(변수)'를 클릭하자. 그러면 해당 액션에 대한 변수 값들이 보여진다.

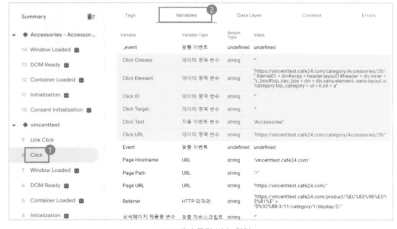

▲ GTM에서 클릭 변수 확인

여기서 보면 Click에 대한 데이터들이 변수별로 나누어 보여진다. 마케터들은 이 데이터를 통해 내가 원하는 Click의 데이터를 어떻게 규정할 수 있는지에 대한 힌트를 얻을 수 있다. 예를 들어, 필자가 공유한 이미지를 보면 'Click Text = Accessories'라는 데이터로 트리거를 세팅할 수 있고, 비슷한 방식으로 'Click Elements'나 'Click URL'을 조건으로 세팅할 수도 있다. 만약 원하는 클릭 관련 데이터가 없거나 원하는 클릭 요소의 조건이 다른 요소에도 중복된다면, 웹 담당 개발자에게 요청하여 원하는 요소에 대한 클릭 변수를 별도로 규정해 달라고 요청할 수 있다.

이렇게 원하는 클릭을 규정하는 조건을 확인하였다면, 해당 조건에 발동하는 트리거를 생성할 차례이다. 필자의 경우, 테스트 홈페이지에서 'Accessories'라는 목록을 클릭했을 때 발동하는 트리거를 생성할 예정이다. 각자 목표를 정하고 GTM 미리보기를 통해 타겟 클릭 변수들을 파악하자.

▲ 맞춤 클릭 트리거 목표 설정 예시

GTM 메인 화면으로 돌아가서, 내가 원하는 요소에 대한 트리거를 생성하자. GTM 트리거 탭에서 '새로 만들기'를 클릭한다. 여기서 이전과 같이 트리거 구성 요소에서 '클릭 - 모든 요소'를 선택한다. 그리고 '모든 클릭' 옵션 옆에 있는 '일부 클릭' 옵션을 선택한다. 그러면 특정 페이지 뷰 트리거 때와 같이 '일부'를 규정하는 조건 탭이 나타난다. 여기서 각자 목표한 요소의 클릭 조건을 선택하고 값을 입력한다. 필자의 경우에는 'Click Text'가 'Accessories'라는 조건에 발동이 되도록 세팅하였다.

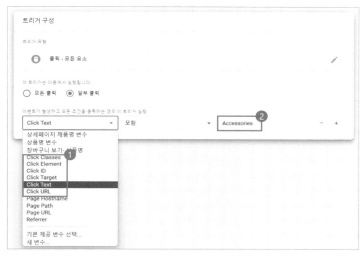

▲ 일부 클릭에 대한 조건 값 세팅

트리거 세팅이 완료되었다면, 이제 해당 조건에 발동할 태그를 연결하는 작업을 진행해야 한다. 이전과 동일한 방식으로 GA 이벤트 태그를 생성하여 연결 작업을 마치자.

▲ 일부 클릭 트리거에 대한 이벤트 태그 생성 및 연결

연결 작업을 마쳤다면, 이제 원하는 타이밍에 제대로 작동되는지 확인이 필요하다. GTM에서 '미리보기' 버튼을 클릭하여 디버그 모드로 접속한 후, 원하는 버튼을 클릭해 보자. 그리고 모니터링 화면으로 이동하여 아래 이미지와 같이 원하는 클릭 이벤트가 원하는 시점에 발동되는 것을 확인하면 된다. 만약 원하는 클릭을 했는데도 발동되지 않았다면 조건을 잘못 입력한 부분이 없는지 재점검이 필요하다.

▲ 미리보기 기능을 활용한 이벤트 태그 디버깅

원하는 시점에 제대로 발동되는 것을 확인했다면, GTM에서 최종적으로 '제출' 및 '게시'를 설정하면 홈페이지에도 곧바로 적용된다.

▲ 이벤트 태그 적용을 제출 및 게시 완료

GA 디버그 뷰를 통한 이벤트 태그 디버깅

GA4에서 제공하는 디버그 뷰(Debug View)는 웹사이트에서 발생한 이벤트 데이터가 제대로 적재되는지 실시간으로 확인할 수 있는 기능이다. 디버그 뷰 모드를 활용하기 위한 전제 조건은 디버깅 대상의 웹사이트가 디버그 모드로 작동해야 한다는 것이다. 디버그 모드로 웹사이트를 전환하기 위해서는 크게 세 가지 방법이 있다.

첫 번째 방법은 구글 애널리틱스 추적 코드에 디버그 모드 관련 매개변수를 추가하는 것이다. 이는 웹사이트에 들어오는 모든 사용자에게 적용되므로 개인적으로 추천하지 않는다. 두 번째 방법은 GTM의 미리보기를 통해 해당 웹사이트에 접속하는 것이다. GTM을 통해 GA4 이벤트 태그를 직접 작업했다면 이 방법을 통해 GTM 미리보기에서 보여지는 모니터링 화면과 GA4 디버그 뷰를 통해 이벤트 수집 현황을 더블체크할 수 있다. 마지막 세 번째 방법은 Tag Assistant Companion을 활용하는 것이다. 이는 GTM 미리보기를 활용하는 것과 거의 비슷하지만, GTM 권한이 없고 GA4 권한만 있는 경우에는 GTM의 미리보기 기능을 대신해서 활용할 수 있다.

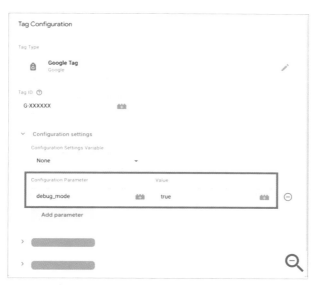

▲ GA4 추적코드에 디버그 뷰 매개변수 추가 방법 예시 / 출처 : Google

GA4에서 디버그 뷰를 확인하는 방법은 GA4에 접속한 후, 설정 메뉴에서 '데이터 표시' 그룹에 속해 있는 'Debug View' 버튼을 클릭하면 된다.

▲ GA4 디버그 뷰 접속 방법

디버그 뷰에 들어가면 무언가 익숙한 화면이 보일 것이다. 해당 UI는 이전 'GA4 실시간 보고서' 부분에서 다뤘던 '사용자 스냅샷'과 완전히 동일하다. 다만 사용자 스냅샷은 우리 사이트에 접속한 사람 중 임의의 사용자에 대한 행동을 보여주는 것이지만, 디버그 뷰는 디버그 모드로 들어온 사용자의 행동을 보여주는 것이 가장 큰 차이점이다. 즉, 사용자 스냅샷은 임의의 사용자를, 디버그 뷰는 내가 의도한 사용자의 행동을 보여 준다고 볼 수 있다.

디버그 뷰의 첫 화면은 이미지와 같이 대기 중 형태로 보일 것이다. 이는 디버그 모드로 우리 사이트에 유입한 사람이 없기 때문이다.

▲ GA4 디버그 뷰 데이터 유입 전 대기화면

이 상황에서 우리에게 익숙한 GTM 미리보기를 활용하여 GA4를 설치한 테스트용 사이트에 접속해 보자. 그리고 몇 차례 페이지를 이동하거나 클릭하면서 이벤트가 발동되는 움직임을 보여 보자. 그런 다음 GA4 디버그 뷰로 돌아와서 조금 기다려 보면 내가 홈페이지에서 움직였던 것에 맞춰 데이터가 보이는 것을 확인할 수 있다.

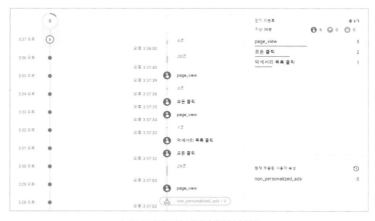

▲ GA4 디버그 뷰 데이터 유입 시 화면

이렇게 GA4 디버그 뷰를 통해 내가 GTM으로 설치한 이벤트명이 정확히 잡히는 것을 확인하면, 24~48시간 후 GA4 보고서에서 데이터가 집계된 것을 확인할 수 있다.

Chapter 03

ChatGPT

- ChatGPT를 비롯한 생성형 AI란?

- ChatGPT의 디지털 마케팅 활용 분야

- ChatGPT 사용을 위한 프롬프트 엔지니어링의 중요성

- ChatGPT를 활용한 이벤트 매개변수 생성 및 적용 : 일반 데이터

- ChatGPT를 활용한 이벤트 매개변수 생성 및 적용 : 배열 데이터

- 데이터레이어 이벤트 생성

- 데이터레이어를 활용한 GA4 전자상거래 이벤트 생성 원리

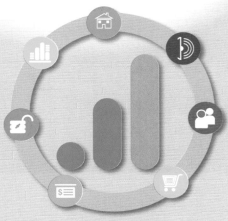

ChatGPT를 비롯한 생성형 AI란?

생성형 AI(Generative AI)는 간단히 말해, 컴퓨터로 새로운 콘텐츠를 만들어내는 능력을 가진 인공지능 기술이다. 여기서 콘텐츠란 글, 그림, 음악 등 다양한 형태의 창작물을 의미한다. 인공지능(AI)이란 인간의 지능을 모방하도록 만든 컴퓨터 시스템이다. 예를 들어, 우리가 친구에게 메시지를 보내거나, 질문에 답하거나, 그림을 그리는 것처럼 인공지능이 다양한 일을 할 수 있도록 하는 것이다. 정리하면, 생성형 AI는 인간의 지능을 모방하여 새로운 창작물을 만들어내는 기술이라고 정의할 수 있다.

▲ 생성형 AI

그럼 생성형 AI는 어떻게 작동할까? 생성형 AI는 많은 양의 데이터를 학습한다. 예를 들어, 글을 생성하는 AI는 수많은 책, 기사, 웹사이트 등의 텍스트 데이터를 학습한다. 이를 통해 패턴을 이해하고, 새로운 글을 만들어내는 능력을 갖추게 된다. 쉽게 말해, 다양한 글을 많이 읽고 나서 새로운 글을 쓸 수 있게 되는 것과 비슷하다.

그럼 ChatGPT는 무엇일까? ChatGPT는 OpenAI에서 개발한 고도로 발달된 GPT 언어 모델을 기반으로 한 대화형 인공지능(AI)이다. GPT는 자연어 처리를 위한 AI 모델로, 수많은 텍스트 데이터를 학습하여 사람과 비슷한 수준의 언어 이해와 생성 능력을 갖추고 있다. OpenAI는 ChatGPT가 이 모델을 통해 다양한 언어 작업을 수행할 수 있으며, 인간과의 대화를 자연스럽게 이어갈 수 있다고 설명한다.

이번 챕터에서는 ChatGPT를 이용하여 구글 애널리틱스를 보다 풍성하게 활용하는 방법에 대해 알아볼 것이다. ChatGPT가 디지털 마케팅 분야에서 어떻게 활용될 수 있는지, 그리고 GA에서는 어떻게 활용이 될 수 있는지 함께 알아보자.

ChatGPT의 디지털 마케팅 활용 분야

ChatGPT는 디지털 마케팅 분야에서 다양한 방식으로 활용될 수 있다. 대표적으로 아래 5가지 분야에서의 활용이 두드러진다.

텍스트 콘텐츠 및 카피라이팅

생성형 AI는 제작자가 의도한 내용을 학습하여 다양한 형태의 텍스트 콘텐츠를 생성할 수 있다. 이를 통해 블로그나 홈페이지에 게시할 텍스트형 콘텐츠나 광고 및 마케팅용 소재로 활용할 수 있는 카피를 빠르게 작성할 수 있다. 즉, 무에서 유를 창조하는 것보다 생성형 AI를 통해 초안을 제공받고, 이를 기반으로 콘텐츠를 제작하는 과정은 시간을 훨씬 효율적으로 활용할 수 있기에 좋은 협업 툴이라 할 수 있다. 하지만 현재 ChatGPT로 생성한 결과물은 표현에 대한 문화적 차이나 지역별 트렌드를 완벽하게 반영하지 못하기 때문에, 생성된 콘텐츠나 카피는 사람이 검수하는 과정이 필요하다.

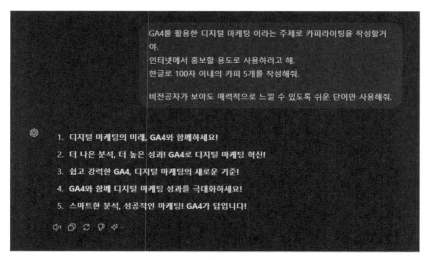

▲ ChatGPT를 활용한 카피라이팅 예시

데이터 분석

생성형 AI는 방대한 데이터를 분석하고 인사이트를 도출하는 데 도움을 줄 수 있다. 유료 버전의 ChatGPT는 엑셀이나 PDF 파일을 직접 업로드하여 복잡한 데이터 세트를 분석할 수 있다. 데이터를 업로드하고 이에 대한 질문을 하면 요약 정리, 특정 트렌드나 패턴 식별 등 유용한 분석 정보를 손쉽게 얻을 수 있다. 또한, 통계 데이터를 요청하면 다양한 통계 분석 기법을 활용한 분석 정보와 시각화를 제공한다. 이를 통해 마케터는 보다 전략적인 의사 결정을 내리고, 캠페인 성과를 최적화하는 데 큰 도움을 받을 수 있다.

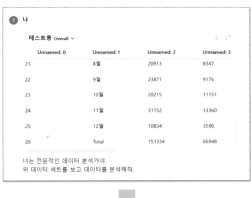

▲ ChatGPT를 활용한 데이터 분석 예시

코드 스크립트 작성

ChatGPT는 코딩 관련 스크립트 작성에도 유용하게 활용된다. 인터넷에는 방대한 코딩 자료가 공유되어 있어, 생성형 AI는 이를 학습하여 다양한 프로그래밍 문제를 해결하는 데 적절한 답을 제공할 수 있다. 마케터는 데이터 수집을 위한 태그 설정, 데이터 분석을 위한 스크립트 작성 등의 작업에서 ChatGPT의 도움을 받을 수 있다. 물론 생성형 AI가 제공하는 코드가 항상 완벽하지는 않으므로, 이를 검토하고 수정할 수 있는 기본적인 코딩 지식을 갖추는 것이 좋다.

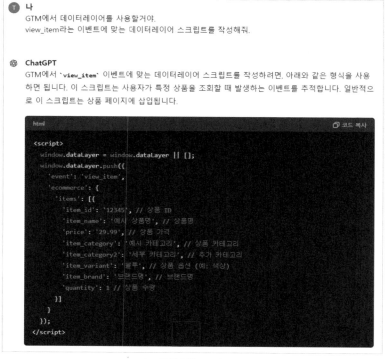

▲ ChatGPT를 활용한 스크립트 작성 예시

디자인 소스 및 시안 생성

ChatGPT의 이미지 생성형 AI인 달리(DALL · E)나 미드저니(Midjourney)를 사용하면 자연어 명령을 통해 이미지를 생성할 수 있다. 특히 미드저니로 생성한 이미지는 유튜브 섬네일이나 쇼츠(Shorts)용 이미지로 활용되는 사례가 많을 정도로 상용화되었다. 이미지를 생성하는 과정에서는 다양한 시도가 필요하며, 사람 디자이너가 제작하는 수준만큼 표현이 정교하지 않을 수 있다. 하지만 디자인에 필요한 소스를 제공받거나 디자인 시안을 제공받는 부분에서는 유의미하게 활용된다.

▲ ChatGPT를 활용한 이미지 시안 생성 예시

API 연동을 통한 고객 상호작용

생성형 AI 툴들이 제공하는 API(Application Programming Interface)를 활용하여 서비스에 생성형 AI를 연동하면 서비스의 퀄리티를 개선할 수 있다. 예를 들어, 어떤 기업은 성경 앱에 ChatGPT를 연동하여 사용자가 성경에 대한 질문을 하면 AI가 학습된 다양한 성경 내용을 바탕으로 답변하는 서비스를 런칭하였다. 이를 통해 해당 앱 사용자들은 성경 내용을 단순히 검색하는 것을 넘어, 성경을 기반으로 한 자연스러운 대화를 경험할 수 있다. 이와 같이 생성형 AI의 API를 활용하면 서비스 사용자에게 더 나은 경험을 제공할 수 있으며, 그 사례는 지금 이 순간에도 빠르게 늘어가고 있다.

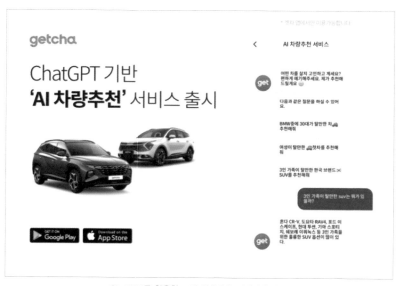

▲ ChatGPT를 활용한 고객 상호작용 사례 / 출처 : 겟차

ChatGPT 사용을 위한 프롬프트 엔지니어링의 중요성

선생님이 두 명의 학생에게 "사과를 그려라."라고 지시하였다. 그러면 두 학생이 그린 사과의 그림은 똑같을까? 높은 확률로 완전히 다른 두 개의 사과 그림이 나올 것이다. 우리가 ChatGPT와 같은 생성형 AI에게 무언가를 물어볼 때도 이러한 현상이 나타난다. 내가 무언가를 물어보았을 때, 내가 의도한 대답이 나오지 않는 경우가 있다. 그래서 생성형 AI에게 내가 의도한 답변이 나올 수 있도록 질문하는 것이 중요한데, 이때 필요한 것이 '프롬프트 엔지니어링'이다.

프롬프트 엔지니어링은 인공지능(AI) 모델, 특히 생성형 AI 모델인 ChatGPT와 같은 자연어 처리(NLP) 모델을 효과적으로 활용하기 위해 질문이나 명령(프롬프트)을 설계하고 최적화하는 과정을 의미한다. 즉, AI에게 올바른 작업을 수행하도록 지시하는 방법을 설계하는 것으로 설명할 수 있다. AI 모델은 주어진 프롬프트에 따라 응답을 생성하기 때문에 프롬프트의 질과 정확성에 따라 답변의 양과 질이 크게 차이가 난다. 프롬프트 엔지니어링을 잘 활용하면 다음과 같은 이점이 있다.

정확한 응답 생성

프롬프트 엔지니어링의 가장 중요한 목표 중 하나는 AI 모델이 정확하고 관련성 높은 응답을 생성하도록 하는 것이다. 잘 설계된 프롬프트는 명확하고 구체적이며, AI가 불필요한 해석 없이 수행해야 할 작업을 정확히 이해할 수 있게 한다. 예를 들어, "파란색 하늘과 푸른 바다를 묘사하는 시를 써 줘."라는 프롬프트는 단순히 "시를 써 줘."라고 요청하는 것보다 훨씬 더 구체적이고, AI가 생성해야 할 텍스트의 방향을 명확히 제시한다.

검색 효율성 향상

효율적인 프롬프트 엔지니어링은 AI와의 상호작용에서 시간과 노력을 절약할 수 있게 한다. 올바른 프롬프트를 사용하면 AI가 처음부터 원하는 결과를 생성할 가능성이 높아지므로, 여러 번의 프롬프트 수정과 입력 작업을 줄일 수 있다. 이는 특히 대량의 콘텐츠를 생성하거나 복잡한 데이터를 분석하는 작업에서 매우 중요한 요소이다. 예를 들어, 마케팅 캠페인을 위한 광고 카피를 생성할 때, 정확한 프롬프트는 더 빠르게 고품질의 결과를 얻는 데 도움이 된다.

AI 모델의 한계 최소화

프롬프트 엔지니어링은 AI 모델의 한계를 보완하는 데도 중요한 역할을 한다. AI 모델은 모든 상황을 완벽하게 이해하거나 처리하지 못할 수 있다. 그러나 프롬프트를 적절히 설계하면 이러한 한계를 최소화할 수 있다. 예를 들어, 복잡한 문제를 단계를 세분화하여 AI에게 요청하면, 모델이 단계별로 문제를 해결하는 데 도움이 된다. "새로운 제품 출시 계획을 세워 줘." 대신 "신제품의 시장 조사, 마케팅 전략, 출시 일정을 각각 설명해 줘."라고 요청하면 더 구체적이고 유용한 정보를 얻을 수 있다.

그렇다면 효율적인 프롬프트 엔지니어링은 구체적으로 어떻게 질문하는 것을 의미하는 것일까? 효율적인 프롬프트 엔지니어링에 대해 다양한 방법이 제시되고 있다. 그중 무엇이 가장 효율적인지에 대해서는 필자가 증명할 수는 없으나, 논문을 통해 어느 정도 검증된 프롬프트 엔지니어링 방법을 소개하겠다. 필자가 소개하고자 하는 논문의 제목은 'Principled Instructions Are All You Need for Questioning LLaMA.1/2, GPT.3.5/4[*]이다. 여기서는 보다 나은 답변을 받기 위한 26가지 방법을 제안한다.

---

[*]　논문 URL : https://arxiv.org/abs/2312.16171

#Principle	Prompt Principle for Instructions
1	If you prefer more concise answers, no need to be polite with LLM so there is no need to add phrases like "please", "if you don't mind", "thank you", "I would like to", etc., and get straight to the point.
2	Integrate the intended audience in the prompt, e.g., the audience is an expert in the field.
3	Break down complex tasks into a sequence of simpler prompts in an interactive conversation.
4	Employ affirmative directives such as 'do,' while steering clear of negative language like 'don't'.
5	When you need clarity or a deeper understanding of a topic, idea, or any piece of information, utilize the following prompts: o Explain [insert specific topic] in simple terms. o Explain to me like I'm 11 years old. o Explain to me as if I'm a beginner in [field]. o Write the [essay/text/paragraph] using simple English like you're explaining something to a 5-year-old.
6	Add "I'm going to tip $xxx for a better solution!"
7	Implement example-driven prompting (Use few-shot prompting).
8	When formatting your prompt, start with '###Instruction###', followed by either '###Example###' or '###Question###' if relevant. Subsequently, present your content. Use one or more line breaks to separate instructions, examples, questions, context, and input data.
9	Incorporate the following phrases: "Your task is" and "You MUST".
10	Incorporate the following phrases: "You will be penalized".
11	Use the phrase "Answer a question given in a natural, human-like manner" in your prompts.
12	Use leading words like writing "think step by step".
13	Add to your prompt the following phrase "Ensure that your answer is unbiased and avoids relying on stereotypes."
14	Allow the model to elicit precise details and requirements from you by asking you questions until he has enough information to provide the needed output (for example, "From now on, I would like you to ask me questions to ...").
15	To inquire about a specific topic or idea or any information and you want to test your understanding, you can use the following phrase: "Teach me any [theorem/topic/rule name] and include a test at the end, and let me know if my answers are correct after I respond, without providing the answers beforehand."
16	Assign a role to the large language models.
17	Use Delimiters.
18	Repeat a specific word or phrase multiple times within a prompt.
19	Combine Chain-of-thought (CoT) with few-Shot prompts.
20	Use output primers, which involve concluding your prompt with the beginning of the desired output. Utilize output primers by ending your prompt with the start of the anticipated response.
21	To write an essay /text /paragraph /article or any type of text that should be detailed: "Write a detailed [essay/text /paragraph] for me on [topic] in detail by adding all the information necessary".
22	To correct/change specific text without changing its style: "Try to revise every paragraph sent by users. You should only improve the user's grammar and vocabulary and make sure it sounds natural. You should maintain the original writing style, ensuring that a formal paragraph remains formal."
23	When you have a complex coding prompt that may be in different files: "From now and on whenever you generate code that spans more than one file, generate a [programming language] script that can be run to automatically create the specified files or make changes to existing files to insert the generated code. [your question]".
24	When you want to initiate or continue a text using specific words, phrases, or sentences, utilize the following prompt: o I'm providing you with the beginning [song lyrics/story/paragraph/essay...]: [Insert lyrics/words/sentence]. Finish it based on the words provided. Keep the flow consistent.
25	Clearly state the requirements that the model must follow in order to produce content, in the form of the keywords, regulations, hint, or instructions
26	To write any text, such as an essay or paragraph, that is intended to be similar to a provided sample, include the following instructions: o Use the same language based on the provided paragraph[/title/text /essay/answer].

▲ 논문에 게재된 프롬프트 엔지니어링 26가지 Tip

1. 간결한 대답을 원한다면 공손한 표현을 생략하고 직접적으로 질문하기
   - **적용 전** : "혹시 괜찮으시다면, 이 문제에 대한 당신의 의견을 말씀해 주실 수 있나요?"
   - **적용 후** : "이 문제에 대한 의견을 말해 줘."

2. 프롬프트에 의도된 청중 통합하기
   - **적용 전** : "기후 변화를 설명해 줘."
   - **적용 후** : "기후 변화를 데이터 과학자에게 설명해 줘."

3. 복잡한 작업을 간단한 하위 작업으로 나누기
   - **적용 전** : "웹사이트를 개발해 줘."
   - **적용 후** : "웹사이트를 만들어 줘. 1. HTML 파일을 만들어 줘. 2. CSS 스타일을 추가해 줘. 3. JavaScript 기능을 추가해 줘."

4. 긍정적인 명령문 사용하기
   - **적용 전** : "그림을 그리지 마."
   - **적용 후** : "텍스트로만 표현해 줘."

5. 간단한 용어로 설명 요청하기
   - **적용 전** : "기후 변화를 설명해 줘."
   - **적용 후** : "기후 변화를 초등학생에게 설명해 줘."

6. 더 나은 솔루션을 위해 보상 제안하기
   - **적용 전** : "문제 해결을 위해 더 나은 솔루션을 제공해 줘."
   - **적용 후** : "문제 해결을 위해 더 나은 솔루션을 제공하면 $300를 줄게."

7. 예시를 포함한 프롬프트 사용하기(Few.shot prompting)
   - **적용 전** : "영어를 한글로 번역해 줘."
   - **적용 후** : "영어를 한글로 번역해 줘. 아래 예시를 줄게."
   - **질문** : Digital Marketing
   - **답변** : 디지털 마케팅

8. 프롬프트 형식을 구분하여 설정하기
   - **적용 전** : "이 문장을 한글로 번역해 줘."

- **적용 후** : "###Instruction### 지금부터 번역 문제를 줄거야.

    ###Example### 예시 제시

    ###Question### 이 문장을 한글로 번역해 줘."

9. '당신의 임무는' 및 '반드시'라는 문구 포함하기

- **적용 전** : "이 문제를 해결해 줘."
- **적용 후** : "너의 임무는 이 문제를 해결하는 거다. 반드시 간단한 언어로 답변해 줘."

10. '벌을 받을 것이다'라는 문구 포함하기

- **적용 전** : "정확하게 답변해 줘."
- **적용 후** : "잘못된 답변을 제공하면 불이익을 받을 거야."

11. 자연스러운 대화 형태로 질문에 답하기라는 문구 포함하기

- **적용 전** : "이 질문에 답해 줘."
- **적용 후** : "자연스러운 대화 형태로 답변해 줘."

12. '단계별로 생각해보세요'와 같은 단어 포함하기

- **적용 전** : "컴퓨터 설치 방법에 대해 알려 줘."
- **적용 후** : "컴퓨터 설치 방법에 대해서 단계별로 나누어 알려 줘."

13. '편견 없이 대답해 주세요'라는 문구 포함하기

- **적용 전** : "기후 변화를 설명해 줘."
- **적용 후** : "편견 없이 기후 변화를 설명해 줘."

14. 정확한 세부정보를 묻도록 허용하기

- **적용 전** : "이 문제를 해결해 줘."
- **적용 후** : "이 문제를 해결해 줘. 답을 하는 데 충분한 정보가 생길 때까지 나에게 질문해."

15. 테스트 포함하기

- **적용 전** : "피타고라스 정리를 설명해 줘."
- **적용 후** : "피타고라스 정리를 가르쳐 줘. 답을 하고 이해했는지 확인할 테스트도 포함해 줘."

16. 모델에게 역할 부여하기

- **적용 전** : "이 문제를 해결해 줘."

- **적용 후** : "너는 지금부터 경제학 전문가야. 이 문제를 해결해 줘."

17. 구분자를 사용하기

- **적용 전** : "환경오염에 대해 설명해 줘."
- **적용 후** : "#환경오염#에 대해 설명해 줘."

18. 프롬프트 내 특정 단어 또는 문구 반복하기

- **적용 전** : "보안의 중요성을 설명해 줘."
- **적용 후** : "중요한 것은 '보안'이야. '보안'이 왜 중요한지 설명해 줘."

19. 사고의 연쇄(Chain.Of.Thought)와 몇 가지 예시 결합하기

- **적용 전** : "10 나누기 2는 뭐야?"
- **적용 후** : "100 나누기 2를 풀거야. 100을 2로 나눠. 결과는 50이야.

  이제 10 나누기 2를 풀거야. 10을 2로 나눠. 그럼 결과는 뭐야?"

20. 출력 문구 사용하기

- **적용 전** : "미적분에 대해 설명해 줘."
- **적용 후** : "미적분에 대해 아래 양식에 맞춰 설명해 줘

  정의 :, 설명 :, 예제 : "

21. 필요한 모든 정보를 포함하라고 요청하기

- **적용 전** : "기후 변화에 대한 글을 써 줘."
- **적용 후** : "필요한 모든 정보를 포함해서 기후 변화에 대한 글을 써 줘."

22. 텍스트 개선 요청하기

- **적용 전**: "이 글을 수정해 줘."
- **적용 후**: "문법과 어휘만 개선하고 원래의 스타일은 유지해 줘."

23. 코딩 진행 시 여러 파일을 만드는 스크립트 요청하기

- **적용 시** : "서로 다른 A, B, C 파일을 만들려고 해. 이 파일들을 만드는 파이썬 스크립트를 생성해 줘."

24. 특정 단어, 구문 또는 문장을 사용하여 텍스트 이어가기

- **적용 전** : "계곡에 대한 에세이를 작성해 줘."

- **적용 후** : " '그해 계곡 물은 차가웠다'라는 문구를 시작으로 에세이를 작성해 줘. 흐름을 일관되게 유지해 줘."

25. 모델이 따라야 할 키워드 명확히 하기
- **적용 전** : "1박 2일 여행 준비에 필요한 짐 리스트를 만들어 줘."
- **적용 후** : "1박 2일 여행 준비에 필요한 짐 리스트를 만들어 줘. "선크림", "침낭"은 포함해야 해."

26. 제공된 샘플과 유사한 느낌의 텍스트 작성하기
- **적용 전** : "멜로 장르의 에세이를 작성해 줘."
- **적용 후** : "제공된 문장과 비슷한 스타일로 멜로 장르의 에세이를 작성해 줘."

프롬프트 엔지니어링에 대해 약간의 방법과 요령만 알고 있어도 ChatGPT를 비롯한 생성형 AI와 협업을 함에 있어 기능 및 시간 효율을 크게 개선할 수 있다. 그럼 지금부터 GA4와 GTM을 활용하는 데 있어 어떻게 ChatGPT를 활용할 수 있는지 알아보자.

ChatGPT를 활용한 이벤트 매개변수 생성 및 적용 : 일반 데이터

GA4 관련하여 ChatGPT로 협업할 수 있는 업무들 중, 마케터에게 가장 필요한 부분은 GA4의 이벤트 데이터의 '매개변수'들을 직접 생성하는 것이다. 이벤트를 엄마 오리로 비유하면 이벤트가 발생할 때, 매개변수는 이벤트에 대한 세부정보를 담고 있는 새끼 오리로 비유할 수 있다. 이벤트 태그의 매개변수는 특정 이벤트와 관련된 추가 정보를 제공하는 역할을 한다. 예를 들어, "페이지 보기" 이벤트가 발생할 때, 매개변수는 "어떤 페이지가 보였는지", "사용자가 그 페이지에서 얼마나 오래 머물렀는지" 등의 부가정보를 해당 이벤트에 포함할 수 있다.

▲ ChatGPT를 활용한 스크립트 작성 원리 예시

GA4의 이벤트 태그에 매개변수를 추가하는 첫 번째 단계는, 트리거가 발생했을 때 필요한 데이터를 수집하는 것이다. 여기서 ChatGPT를 활용하면 매개변수를 포함한 코드를 쉽게 작성할 수 있다. 다음의 예시를 통해 구체적으로 살펴보자.

```
gtag("event", "view_item", {
  currency: "USD",
  value: 30.03,
  item : shirts }
```

'view_item'이라는 이벤트가 정의되어 있는데 이벤트 명 아래 "currency", "value", "item"가 보인다. 이 3개가 'view_item' 이벤트를 수식하는 매개변수가 된다. 해당 데이터들을 보면 view_item이라는 이벤트가 발동하였는데, 화폐 단위는 USD, 가격은 30.03, 아이템은 셔츠라는 데이터가 함께 붙어 있다. 이는 어떤 사용자가 "30.03 달러짜리 셔츠를 보았다."는 데이터로 조합하여 해석할 수 있다. 만약 매개변수가 없었더라면 어떤 사용자가 와서 아이템을 봤다는 정보는 얻을 수 있겠지만, 이것이 정확히 무슨 아이템인지에 대한 데이터는 얻을 수 없었을 것이다.

이벤트 매개변수를 사용하면 단순히 이벤트가 발생했는지 여부뿐 아니라, 그 이벤트와 관련된 더 많은 맥락을 이해할 수 있다. 이를 통해 사용자의 행동을 더 깊이 분석하고, 웹사이트나 앱의 성능을 향상시키는 데 필요한 인사이트를 얻을 수 있는 매우 중요한 기능이다.

그럼 매개변수는 어떻게 세팅하여야 할까? 과거엔 매개변수를 세팅하기 위해서는 개발 지식을 갖춰야 했다. 앞서 view_item 이벤트로 예시를 이어보면 어떤 사람이 셔츠를 보았으면 item 값이 "shirt"가 되어야 하고, 바지를 보았으면 item 값은 "pants"가 되어야 한다. 즉 상황에 맞는 값이 들어오는 하나의 코드를 짤 줄 알아야 한다는 의미이다. 그러려면 HTML, JavaScript, CSS를 이해하고 내 웹사이트에 직접 코딩을 해야만 의도한 매개변수 값을 세팅할 수 있었다.

하지만 ChatGPT와 같은 생성형 AI가 출시되면서 해당 언어를 모두 알고 있을 필요가 없어졌다. 적절하게 질문만 하면 알아서 나에게 맞는 코드를 작성해 주기 때문이다. 그리고 GTM을 활용하여 직접 홈페이지의 코드를 건드리지 않고 내가 원하는 태깅 작업을 할 수 있는 환경이 되었다. 지금부터 이벤트 태그에 어떻게 매개변수를 세팅할 수 있는지 알아보자.

우선 GTM에서 이벤트 태그에 매개변수를 어떻게 세팅하는지 알아보자. 만약 누군 가가 우리 사이트에서 제품 상세페이지를 볼 때마다 view_item이라는 태그를 발동시 키려고 한다. 그리고 해당 이벤트가 발동했을 때 어떤 페이지에서 발동이 되었는지 를 알기 위해 Page URL 데이터를 매개변수로 가지고 오는 상황이라고 가정해 보자. GTM에서 세팅을 하면 대략 아래 이미지와 비슷할 것이다. 여기서 우리는 '이벤트 매 개변수'라는 메뉴를 세팅해야 한다.

▲ GTM에서 세팅한 상세페이지 조회(view_item) 이벤트

이벤트 매개변수 메뉴를 펼쳐보면 Event Settings Variable이 보이고 밑에 '매개변수 추가' 버튼을 클릭하면 아래 이미지와 같이 매개변수의 이름과 값을 입력할 수 있는 난이 보인다.

▲ GTM 이벤트 매개변수 1

여기서 우리는 Page URL 값을 획득해야 한다. 그러기 위해 매개변수의 이름은 Page URL로 입력한다. 참고로 이벤트 매개변수 명은 내가 얻고자 하는 데이터의 이름이기에 내가 마음에 드는 다른 이름으로 입력해도 괜찮다.

그리고 변수로 처리될 값 부분이 중요한데, Page URL의 경우 GTM의 기본 변수로 제공되고 있다. 값 부분 옆에 블록 모양의 버튼을 클릭한다.

▲ GTM 이벤트 매개변수 2

블록 모양의 버튼을 클릭하면 GTM에서 제공되는 변수와 이전에 생성되었던 변수들의 목록이 보여진다. 이 중 Page URL 변수를 선택하자.

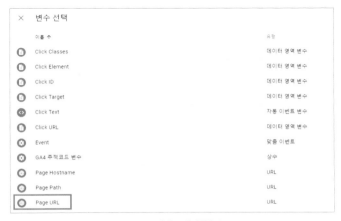

▲ GTM 이벤트 매개변수 3

그러면 아래와 같이 이벤트와 세팅한 이벤트 매개변수가 보여진다. 이상이 없다면 저장을 클릭하고 미리보기로 디버깅을 시작하자.

▲ GTM 이벤트 매개변수 4

GTM 미리보기로 내가 원하는 액션을 직접 발동해 보고, GA4 디버그 뷰에 들어가면 내가 세팅한 행동이 실시간으로 GA4에 잘 기록되는지 확인할 수 있다. 필자의 경우 GTM에서 세팅한 view_item 이벤트가 디버그 뷰를 통해 이상 없이 수집되고 있다는 것을 확인할 수 있었다. 디버그 뷰에서 각 이벤트 이름을 클릭하면 이벤트의 매개변수 데이터가 보여진다. 여기에 Page URL도 이상 없이 유입되는 것을 알 수 있다.

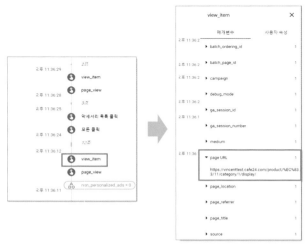

▲ GTM 이벤트 매개변수 5

그렇다면 ChatGPT는 어떨 때 사용될 수 있을까? 그것은 GTM에서 기본적으로 제공하지 않는 변수에 대한 데이터를 잡고 싶을 때이다. 만약 내가 수집하고 싶은 데이터가 아래 이미지에서 '샘플상품 1'이라는 제품 제목 부분이라고 가정해 보자.

▲ ChatGPT로 매개변수를 세팅하기 위한 목표 설정

해당 부분은 GTM에서 기본적으로 제공을 받을 수 있는 변수가 아니기에 각 상품의 제목을 변수 값으로 얻으려면 해당 부분을 데이터로 가져오는 코딩을 해야만 했다. 하지만 앞서 언급하였듯이 ChatGPT를 사용하면 별도 코딩 작업 없이 해결할 수 있다.

ChatGPT로 해당 부분 데이터를 얻기 위해서는 이 웹사이트에서 상품의 제목이 어떤 태그로 이루어져 있는지를 먼저 파악해야 한다. 파악하는 방법은 간단하다. 웹사이트에서 내가 원하는 부분에 마우스 포인터를 놓고, 마우스 오른쪽 버튼을 클릭한다. 나타나는 팝업 메뉴 중 가장 아래쪽에 '검사'라는 선택지가 보일 것이다. 이 부분을 클릭해 보자. 만약 마우스 오른쪽 버튼을 사용할 수 없는 사이트라면 F12를 눌러 개발자 모드를 열고, 왼쪽 상단 요소 선택자를 클릭한 다음 화면에서 내가 확인하고 싶은 부분을 선택하면 된다.

1. 내가 원하는 요소에 '검사' 기능 활용

2. 개발자 모드에서 '요소 선택자' 활용

▲ 사이트에서 내가 원하는 요소 태그 확인 방법

어떤 방식이든 '샘플상품 1'을 선택하면 해당 텍스트를 구성하고 있는 HTML 요소들이 보이게 된다. 여기서 우리가 해야 하는 것은 해당 부분을 지칭하는 요소의 최상단 부분을 찾는 것이다. 필자의 테스트 사이트로 예를 들어 보면 '샘플상품 1'을 선택했을 때는 아래 이미지에서 1번처럼 딱 해당 텍스트 영역이 선택된다. 이 상태에서 마우스를 위로 조금씩 올리다 보면 '샘플상품 1번'이라는 텍스트 값을 포함하는 영역을 발견할 수 있게 된다.

1. '샘플상품' 텍스트를 직접 선택하였을 때

2. '샘플상품' 최상단 영역 선택

▲ 내가 원하는 요소의 최상단 태그 확인

최상단의 영역을 찾았다면 이 영역의 요소를 가져와야 한다. 요소의 최상단 영역에 마우스 포인터를 위치한 다음 마우스 오른쪽 버튼을 클릭하여 요소를 복사한다. 그리고 복사한 요소를 메모장에 그대로 붙여넣어 보자. 그러면 해당 요소가 실제로 어떻게 코딩이 되어 있는지를 확인해 볼 수 있다.

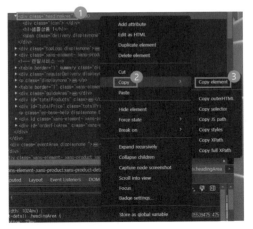

▲ 최상단 영역 요소 복사

그다음 해야 할 일은 복사한 요소에 대해 ChatGPT로, 하여금 변수로 적용할 수 있도록 코딩을 요청하는 것이다. ChatGPT로 이동하여 아래와 같이 질문을 해보자.

질문 내용 :

너는 지금부터 GA4, GTM 실무 전문가야.

GTM을 활용하여 GA4에 사용할 맞춤 매개변수를 만들려고 해.

아래 예시 코드에서 '샘플상품 1' 부분이 변수로 출력되는 자바스크립트를 만들어 줘.

###예시 코드###

```
<div class="headingArea">

<div class="icon">        </div>

              <h1>샘플상품 1</h1>

              <span class="delivery displaynone">(해외배송 가능상품)</span>

         </div>
```

function과 return 함수를 포함한 코드를 만들어 줘.

그러면 아래와 같은 형태의 스크립트를 받을 수 있다. 이 스크립트를 갖고 GTM으로 이동해 보자.

▲ ChatGPT로부터 받은 매개변수용 스크립트

GTM으로 이동하여 '변수' 메뉴에 들어가자. 그리고 하단에 있는 '사용자 정의 변수'에서 '새로 만들기' 버튼을 클릭한다.

▲ 사용자 정의 변수 접근 방법

사용자 정의 함수에서는 GTM에서 인식할 수 있는 다양한 변수 종류를 보여준다. 우리는 이 중 '맞춤 자바스크립트'를 선택하여 진행할 것이다. 맞춤 자바스크립트를 클릭하면 스크립트를 입력하는 빈 공간이 나타난다. 이 공간에 ChatGPT가 알려 준 코드를 그대로 붙여넣자.

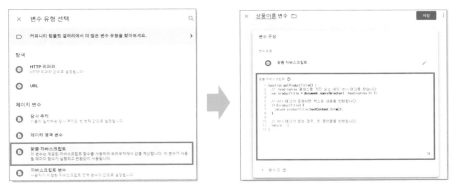

▲ 맞춤 자바스크립트 생성

변수를 만들었다면, 내가 의도한 데이터가 들어오는지 확인해야 할 차례이다. GTM에서 미리보기를 클릭하고 상품 상세페이지에 접속해 보자. 몇 개의 상품 페이지에 접속해 보고, 이벤트 모니터링 화면으로 이동하면 아래 이미지에서 왼쪽 사이드바에 상품 페이지별로 로드된 액션들을 확인할 수 있다. 여기서 상품 상세페이지의 'Window Loaded' 부분을 클릭해 보자. 그리고 화면 가운데 메뉴들 중 Variables 영역을 누른다. 여기서는 GTM에서 설정한 변수들의 목록이 보여지고, 내가 선택한 액션에서 발동된 변수가 있다면 해당 부분에 변수 값이 채워진다. 우리는 Window Loaded를 선택하였다. 즉 해당 페이지가 열렸을 때 어떤 변수 값이 로딩이 되는지를 알아보는 과정인 것이다. 가운데 나타난 변수들 중 우리가 GTM에서 만든 상품 이름 관련 변수가 보여질 것이다. 여기에 의도한 값이 보이면 이상 없이 변수가 작동하는 것으로 볼 수 있다.

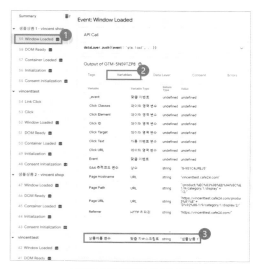

▲ GTM 미리보기에서 데이터 확인

제대로 작동하는 것을 확인하였다면, 해당 변수 데이터를 이벤트 데이터의 매개변수로 묶어야 한다. 이전에 생성했던 상세페이지 조회 이벤트에 방금 생성한 변수를 매개변수로 추가하자. 매개변수 이름은 내가 원하는 것으로 명명하면 되고, 변수 값은 블록 모양의 '변수' 버튼을 클릭하고 방금 생성한 변수명을 선택하면 된다.

▲ GTM 변수 이벤트 맵핑

매개변수를 지정하였다면 저장을 클릭하고 미리보기 기능을 통해 디버깅을 해보자. 미리보기 기능에서 일부 상세페이지에 접속하고, GA4 디버그 뷰에서 이벤트와 매개변수가 이상 없이 기록되고 있다면, 데이터가 제대로 수집되고 있는 것이다.

▲ 매개변수 세팅 및 디버깅

지금까지 ChatGPT로 내가 원하는 부분을 변수화시키는 방법을 알아보았다. 정리를 해보면 개발자 도구를 통해 내가 원하는 요소의 개발 언어를 파악하고 해당 부분을 변수화하는 JavaScript를 ChatGPT에게 요청하는 방식이었다. 이 순서를 기억하면 온라인 상에서 내가 원하는 대부분의 요소를 변수화하여 GA4의 데이터로 수집할 수 있다.

ChatGPT를 활용한 이벤트 매개변수 생성 및 적용 : 배열 데이터

앞서 배운 케이스는 보이는 부분의 문자나 숫자 텍스트를 그대로 가져오는 경우였다. 이번 섹션에서는 사용자가 사이트에서 어떤 액션을 하는지에 따라 특정 부분의 배열이 바뀌는 경우에 대해 알아보겠다. 배열이 바뀌는 상황의 대표적인 예는 장바구니 담기나 구매가 완료되었을 때 구매가 완료된 제품들의 목록을 가져오는 경우이다. 아래 이미지를 보며 설명을 이어가 보겠다.

<1개 종류 제품을 장바구니에 담은 경우>   <2개 종류 제품을 장바구니에 담은 경우>

▲ 경우에 따른 배열의 변화 예시

예를 들어 장바구니 페이지를 보았을 때, 장바구니에 담겨 있는 제품에 대한 정보를 매개변수로 가져오는 상황이라고 가정해 보자. 이때 1개 종류의 제품을 담았을 때는 우리가 앞서 배웠던 방식을 활용하여 장바구니 내 제품 이름을 요소로 잡고 해당 부분을 변수화하면 된다. 하지만 제품을 2개 이상 담았을 경우, 첫 번째로 장바구니에 담았던 제품 아래나 위에 다음 차례에 담은 제품이 리스트업 된다. 이런 경우 새로이 리스트업된 요소들까지 자동으로 변수 처리가 되어야 하는 문제가 생긴다. 이런 경우 ChatGPT에게 변수화를 요청할 때 '배열(Array)'로 표현해 달라는 요청을 하면 쉽게 해결할 수 있다.

배열은 여러 개의 값을 하나의 변수에 저장할 수 있는 데이터 구조이다. 배열 함수를 사용하면 개발자는 반복적이고 복잡한 로직을 보다 간결한 코드로 구현할 수 있다. 이커머스 업종에서는 앞서 언급한 장바구니나 구매 완료 같은 특정 제품이 리스트업되는 부분에 활용할 수 있고, 콘텐츠 플랫폼의 경우 스크롤을 내릴 때 새로운 콘텐츠가 계속 같은 구조에서 로딩되는 경우에 사용할 수 있다.

▲ 새로운 콘텐츠가 보여지는 구조 예시

그럼 배열을 지정하기 위한 요소 선택 방법부터 천천히 알아보자. 필자의 경우 테스트 페이지의 장바구니를 조회하였을 때 보이는 제품 리스트를 배열의 매개변수로 수집할 것이다. 우선 장바구니 화면에서 크롬 기준 F12로 개발자 모드를 커서 요소 선택 도구를 선택한다. 그리고 장바구니에서 보이는 제품 리스트를 편하게 선택한다.

▲ 배열을 변수화할 요소가 포함된 영역 자유롭게 선택

그러면 이미지와 같이 오른쪽에 내가 선택한 요소의 HTML 구성 요소가 보인다. 오른쪽 구성 요소에서 조금씩 선택지를 위로 올려 보자. 하나씩 올리면 내가 처음 선택한 요소의 상위 항목이 표기되는 것이 보일 것이다. 이렇게 내가 원하는 요소들이 모두 포함된 HTML 구성 요소의 최상위 항목을 찾는다.

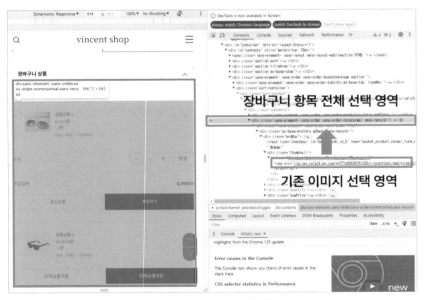

▲ 배열을 변수화할 전체 영역 확인

최상위 항목을 찾았다면 이전과 동일한 방식으로 마우스 오른쪽 버튼을 클릭한 후 요소를 복사한다. 'Copy' 항목에서 'Copy Element' 항목을 선택하자.

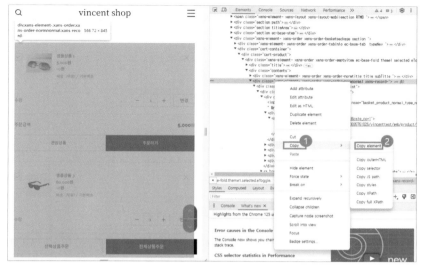

▲ 최상위 항목에 대한 요소 복사

복사한 요소를 메모장에 붙여넣어 보자. 메모장에 붙여넣으면 매우 긴 코드가 보일 것이다. 메모장에 보이는 코드를 모두 이해할 필요는 없다. 우리에게 필요한 것은 이 코드에서 필요한 값에 대해서만 자바스크립트 변수화를 요청하는 것이다. 변수화 작업은 ChatGPT를 통해 진행할 것이다. ChatGPT로 이동해 보자.

ChatGPT로 이동해서 우리가 입력해야 하는 키워드는 'JavaScript', '배열', '복사한 코드', '우리가 원하는 변수화 값 지정'이다. 다음과 같이 ChatGPT에게 코딩 요청을 진행해 보자. 참고로 아래 이미지에서 예시 코드는 길이를 고려하여 일부만 캡처하였다. 실제 실습 시에는 앞서 언급한 최상위 항목의 전체 요소 코드를 붙여넣어야 한다.

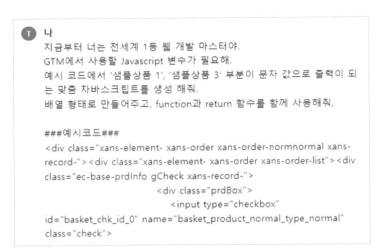

▲ ChatGPT를 사용하여 변수화 진행 예시

그러면 ChatGPT가 아래와 같이 결괏값을 출력해 준다. 여기서 return 아래 '}'까지를 복사해서 GTM에서 맞춤 자바스크립트 변수를 생성해 보자.

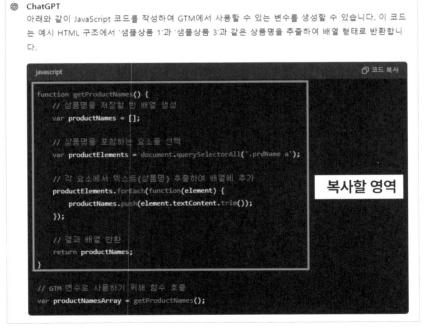

▲ ChatGPT에 출력된 자바스크립트 확인

GTM에서 변수 탭에 접속하여 '사용자 정의 변수' 항목에 접속한다. 그리고 '새로 만들기' 메뉴에 접속하여 '맞춤 자바스크립트' 변수 유형을 선택하고 ChatGPT에서 만들어 준 스크립트를 붙여넣는다.

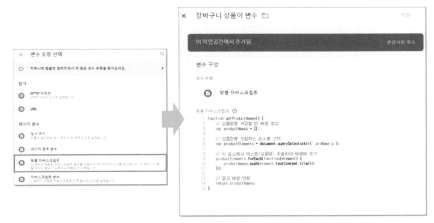

▲ 복사한 배열 함수를 GTM 맞춤 자바스크립트 유형 변수로 추가

변수를 저장하고 GTM 미리보기를 통해 상품을 넣은 장바구니 항목에 접속해 보자. 그러면 아래와 같이 Window Loaded 탭에서 발생한 변수를 확인할 수 있다. 여기서 방금 생성한 변수 탭에 상품명의 값들이 배열 형태 데이터로 잡히는 것을 확인할 수 있다.

▲ 장바구니 탭 접속 시 배열 형태의 데이터 값 확인

그러면 이어서 해당 변수에 대한 데이터가 GA4에도 들어올 수 있도록 이벤트 태그에 연결하는 작업을 진행해 보자. 트리거는 장바구니 URL인 Page URL에 order/basket이 포함되는 조건으로 설정하고 아래 이미지와 같이 이벤트와 매개변수를 생성하였다.

▲ GA4 이벤트 태그 생성 및 매개변수 연결

생성이 완료되었으면 태그를 저장하고 GTM에서 다시 '미리보기' 버튼을 클릭하여 디버깅을 진행한다. 이벤트와 매개변수가 제대로 수집되고 있는지 확인하기 위해 GA4 디버그 뷰를 활용하여 최종 점검을 진행하고 마무리하자.

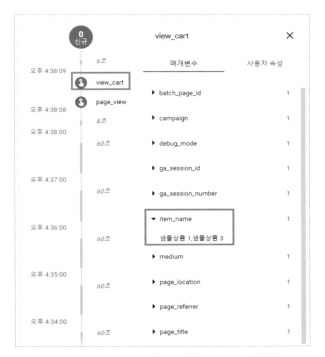

▲ GA4 디버그 뷰를 통해 이벤트명과 매개변수 데이터 유입 확인

데이터레이어 이벤트 생성

데이터레이어(Data Layer)는 웹사이트나 앱에서 발생하는 다양한 데이터를 구조화하여 저장하는 일종의 정보 저장소이다. 데이터레이어를 통해 GTM은 GA4나 타 매체에 정돈된 형태로 데이터를 전달할 수 있게 된다. 즉, 데이터레이어는 마케팅, 분석 및 태그 관리 도구와 같은 외부 서비스와 웹사이트 사이에서 데이터가 원활하게 전달되도록 돕는 역할을 한다고 볼 수 있다.

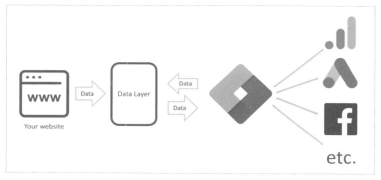

▲ 데이터레이어의 역할 / 출처 : www.analyticsmania.com

데이터레이어는 주로 자바스크립트 객체 형태로 작성된다. 예를 들어, 사용자가 특정 페이지를 방문했을 때 해당 페이지에 대한 정보를 데이터레이어에 저장할 수 있다. 기본적으로 데이터레이어는 다음과 같은 형식을 가진다.

```
window.dataLayer = window.dataLayer || [];
window.dataLayer.push({
  'event': 'pageview',
  'page': {
    'url': 'https://www.example.com/home',
    'title': '홈페이지'
  }
});
```

앞의 예시 데이터레이어는 사용자가 홈페이지를 방문했음을 나타내는 'pageview' 이벤트와 함께 이에 대한 변수로 '페이지 URL'과 '페이지 제목' 내용을 저장하고 있다.

데이터레이어를 사용하면 여러 가지 이점을 얻을 수 있다. 첫째, 데이터의 일관성을 유지할 수 있다. 모든 데이터가 동일한 형식으로 저장되므로 분석 도구와 마케팅 도구에서 일관되게 데이터를 처리할 수 있다. 둘째, 웹사이트의 코드와 분석 도구의 코드를 분리할 수 있어 유지보수가 용이하다. 마지막으로, 다양한 데이터 소스를 통합하여 보다 정확하고 포괄적인 데이터를 수집할 수 있다.

그럼 데이터레이어를 마케터가 어떻게 활용할 수 있을까? Google Tag Manager(GTM)와 같은 태그 관리 도구가 웹사이트의 데이터를 쉽게 가져와 사용할 수 있다. 특히, 전자상거래 사이트에서는 제품 조회, 장바구니 추가, 구매 완료 등 다양한 사용자 행동을 데이터레이어에 저장할 수 있다. 한 예로 사용자가 제품을 장바구니에 추가할 때 다음과 같은 데이터를 데이터레이어에 저장할 수 있다. 이 데이터를 통해 GTM은 'addToCart'이벤트를 감지하고, 이를 GA4로 전송하여 장바구니 추가 이벤트를 전자상거래 데이터로 추적할 수 있다.

```
window.dataLayer.push({
  'event': 'addToCart',
  'ecommerce': {
    'currencyCode': 'USD',
    'add': {
      'products': [{
        'name': '제품명',
        'id': '제품 ID',
        'price': 19.99,
        'quantity': 1
      }]
    }
  }
});
........
```

데이터레이어(Data Layer)는 웹사이트나 앱에서 발생하는 다양한 데이터를 구조화하여 저장하는 일종의 정보 저장소이다. 데이터레이어를 통해 GTM은 GA4나 타 매체에 정돈된 형태로 데이터를 전달할 수 있게 된다. 즉, 데이터레이어는 마케팅, 분석 및 태그 관리 도구와 같은 외부 서비스와 웹사이트 사이에서 데이터가 원활하게 전달되도록 돕는 역할을 한다고 볼 수 있다.

데이터레이어는 주로 자바스크립트 객체 형태로 작성된다. 예를 들어, 사용자가 특정 페이지를 방문했을 때 해당 페이지에 대한 정보를 데이터레이어에 저장할 수 있다. 기본적으로 데이터레이어는 다음과 같은 형식을 가진다.

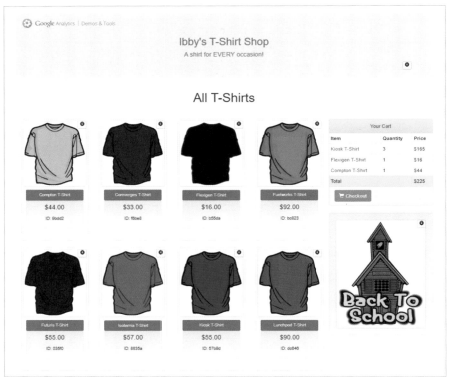

▲ 데이터레이어 참고용 사이트 / 출처 : https://enhancedecommerce.appspot.com/

이 사이트에서 데이터레이어를 보는 방법은 ⓘ 버튼을 클릭하면 된다. 필자는 티셔츠 제품 이미지 옆에 있는 ⓘ 버튼을 클릭해 보겠다.

▲ 데모 페이지에서 보여지는 데이터레이어 스크립트 예시

위 이미지와 같이 두 가지 데이터레이어가 보인다. 기본 설정값은 GA4로 되어 있다. 스크립트는 HTML 수정을 통해 직접 삽입할 경우에 사용해야 하는 코드와 GTM을 통해 삽입할 때 사용해야 하는 코드 두 종류가 보인다. 우리는 GTM을 통해 삽입을 진행할 것이기에 GTM용 코드를 확인하면 된다. 방금 선택한 GTM용 코드를 자세히 보면, event명은 select_item이고 하위에 해당 이벤트에 대해 다양한 매개변수로 설명이되어 있는 것을 확인할 수 있다.

그러면 제품을 보았을 때, 즉 view_item에 대한 데이터레이어 예시 코드를 확인하고자 할 때는 어떻게 해야 할까? 데모 페이지에서 원하는 제품이나 눌러 상세페이지에 들어가 보자. 보이는 제품 상세페이지에서 제품 이미지의 오른쪽 상단에 위치한 ⓘ 버튼을 클릭한다.

▲ 제품 상세페이지의 데이터레이어 예시 코드 확인

아까 본 select_item 예시 코드보다 길이가 긴 스크립트를 보면, 하나의 코드가 아니라 'view_item_list', 'view_item', 'view_promotion' 이렇게 세 가지 예시가 한 번에 포함되어 있다는 것을 알 수 있다. 데모 페이지에서는 어떤 상황에서 어떤 코드가 필요한지 모르기 때문에 다양한 예시를 함께 제공한 것이다. 우리는 이 중 필요한 데이터레이어 코드만 선택하여 사용하면 된다.

\<view_item_list\>

```
dataLayer.push({
  "event": "view_item_list",
  "ecommerce": {
    "items": [{
      "item_id": "f6be8",
      "item_name": "Comverges T-Shirt",
      "price": "33.00",
      "item_brand": "Comverges",
      "item_category": "T-Shirts",
      "index": 0
    },
    {
      "item_id": "b55da",
      "item_name": "Flexigen T-Shirt",
      "price": "16.00",
      "item_brand": "Flexigen",
      "item_category": "T-Shirts",
      "index": 1
    },
    {
      "item_id": "dc646",
      "item_name": "Lunchpod T-Shirt",
      "price": "90.00",
      "item_brand": "Lunchpod",
      "item_category": "T-Shirts",
      "index": 2
    },
    {
      "item_id": "7v9e0",
      "item_name": "Masons T-Shirt",
      "price": "31.00",
      "item_brand": "Masons",
      "item_category": "T-Shirts",
      "index": 3
    }],
    "currency": "USD"
  }
});
```

\<view_item\>

```
dataLayer.push({
  "event": "view_item",
  "ecommerce": {
    "items": [{
      "item_id": "9bdd2",
      "item_name": "Compton T-Shirt",
      "price": "44.00",
      "item_brand": "Compton",
      "item_category": "T-Shirts",
      "index": 0
    }],
    "currency": "USD"
  }
});
```

\<view_promotion\>

```
dataLayer.push({
  "event": "view_promotion",
  "ecommerce": {
    "items": [{
      "promotion_id": "bts",
      "promotion_name": "Back To School",
      "creative_slot": "PRODUCT banner",
      "location_id": "right sidebar"
    }]
  }
});
```

▲ 하나의 상황에서 다양한 예시 스크립트가 나와 있는 경우

이처럼 제품 상세페이지를 보거나, 장바구니에 넣거나, 구매를 완료한 상황에서의 예시 데이터레이어를 확인하려면, 데모 페이지에서 유사한 행동을 실행한 후 근처에 있는 ⓘ 버튼을 클릭하여 적합한 예시를 가져오면 된다. 이제 예시 데이터레이어를 직접 GTM에 세팅해 보겠다.

필자는 view_item 이벤트를 데이터레이어로 설정하고, 해당 전자상거래 이벤트까지 구성할 예정이다. 먼저 해야 할 일은 view_item에 대한 데이터레이어를 확인하는 것이다. 그리고 필요한 변수만 남겨두고 이를 미리 변수화해 두면 된다. 그럼 하나씩 진행해 보자.

```
dataLayer.push({
    "event":  "view_item",
    "ecommerce":  {
     "items": [{
        "item_id": "9bdd2",
        "item_name": "Compton T-Shirt",
        "price": "44.00",
        "item_brand": "Compton",
        "item_category": "T-Shirts",
        "index": 0
    }],
    "currency": "USD"
  }
});
```

해당 부분에서 필요한 작업
1. 필요한 부분만 남긴다.
2. 필요한 부분에 대한 값을 미리 변수로 만든다.

먼저 필요한 예시 스크립트를 복사하고 GTM으로 돌아오자. 필자는 view_item을 만들 것이기에 해당 스크립트를 복사하였다. GTM에 접속했다면 왼쪽 사이드바에서 태그를 선택하고 '새로 만들기'를 클릭한다.

추천

| | Google 애널리틱스 | > |
| .il | | |

| A | Google Ads | > |

| O | 플러드라이트 | > |

| G | **Google** 태그
Google | |

| ⟷ | 전환 링커
Google | |

| ⛉ | **추천 커뮤니티 CMP 템플릿**
GTM의 동의 구성과 긴밀하게 통합된 추천 CMP 템플릿을 탐색하세요 | > |

맞춤설정

| ⟨ ⟩ | **맞춤 HTML**
맞춤 HTML 태그 | |

| 🖼 | **맞춤 이미지**
맞춤 이미지 태그 | |

▲ GTM 맞춤 HTML 태그 생성

'맞춤 HTML'을 클릭하면 스크립트를 입력할 수 있는 란이 나타난다. 여기에 복사한 view_item 관련 데이터레이어를 붙여넣고, 변수 부분에서 필요한 부분만 남기고 나머지는 제거한다. 그리고 상수 값에서 변경이 필요한 부분이 있다면 편하게 변경해 주면 된다.

```
HTML ⑦
1  dataLayer.push({
2    "event": "view_item",
3    "ecommerce": {
4    "items": [{
5      "item_id": "9bdd2",
6      "item_name": "Compton T-Shirt",
7      "price": "44.00",
8      "item_brand": "Compton",
9      "item_category": "T-Shirts",
10     "index": 0
11   }],
12   "currency": "USD"
13   }
14 });
```

```
HTML ⑦
1  dataLayer.push({
2    "event": "view_item",
3    "ecommerce": {
4    "items": [{
5      "item_name": "Compton T-Shirt",
6    }],
7    "currency": "KRW"
8    }
9  });
```

▲ 데이터레이어 커스텀

그다음 해야 할 작업은 필요한 매개변수 부분의 값을 변수화하는 것이다. 여기서는 'item_name'에 대한 값을 변수 처리하면 된다. 여기서 전제는 내가 원하는 값을 이미 변수화해 놓았어야 한다는 것이다. 변수화하는 방법은 앞 섹션의 설명을 참고하자. 방법은 간단하다. 기존에 ChatGPT로 변수화한 것을 그대로 넣으면 된다. 넣는 방법은 우선 예시 코드에서 Compton T-Shirt 부분을 없애고 그 자리에 중괄호 두 개('{{')를 입력해 보자.

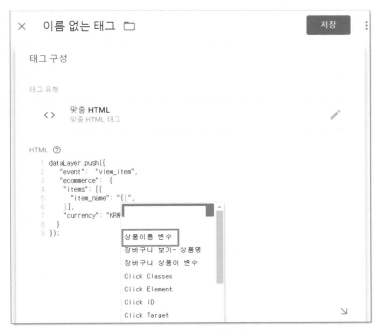

▲ HTML 태그 내 기존 변수 선택

GTM에서 생성해 놓은 변수들의 목록이 나타난다. 여기서 원하는 변수를 선택하면 된다. 필자는 item_name이라는 변수 이름에 맞는 '상품이름 변수'를 넣어 주겠다. 데이터레이어 커스텀을 완료하였다면, 태그가 스크립트임을 인식시키기 위해 〈script〉와 〈/script〉 태그를 스크립트 앞뒤로 추가해 주면 된다.

```
HTML ⑦
 1  <script>
 2  dataLayer.push({
 3      "event":  "view_item",
 4      "ecommerce":  {
 5      "items": [{
 6          "item_name": "{{상품이름 변수}}",
 7      }],
 8      "currency": "KRW"
 9    }
10  });
11  </script>
```

▲ 스크립트 태그 삽입

태그 세팅이 완료되었으니 태그가 작동하기 위한 트리거를 설정해 보자. view_item 이벤트는 상세페이지에 접속했을 때 발동해야 하므로, 기존에 생성해 놓은 상세페이지 뷰 트리거를 사용하겠다. 트리거 연결이 완료되었다면, 맞춤 태그의 이름을 입력하고 '저장' 버튼을 클릭한다.

▲ 기존 맞춤 HTML에 트리거 연결

저장이 완료되면 작동 확인을 위해 GTM 메인 화면에서 '미리보기' 버튼을 클릭한다. 그리고 태그가 발동되도록 설정한 상세페이지에 접속해 보자. 데이터레이어가 정상적으로 작동했다면, 아래 이미지처럼 HTML에 설정된 데이터레이어 이벤트가 모니터링 사이드바에 표시될 것이다. 표시된 데이터레이어 이벤트를 클릭하고, GTM 화면 가운데 보이는 영역에서 Data Layer 메뉴를 클릭하면 맞춤 HTML에서 설정한 매개변수명이 제대로 반영되었음을 확인할 수 있다.

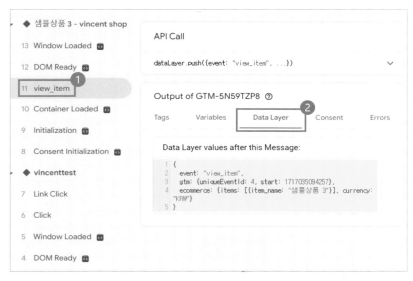

▲ 데이터레이어 태그 디버깅

데이터레이어를 활용한 GA4 전자상거래 이벤트 생성 원리

데이터레이어가 이상 없이 작동하고 있다면, 이제 이 데이터를 기반으로 GA4 전자상거래 이벤트를 설정해 보자. GA4 전자상거래 보고서는 데이터레이어의 데이터를 기반으로 view_item, add_to_cart, begin_checkout, purchase 이벤트 데이터를 자동으로 가져와서 구성된다. 앞서 우리는 view_item에 대한 데이터레이어를 만드는 과정을 살펴보았다. 이번에는 이 데이터레이어의 데이터를 어떻게 GA4 이벤트로 가져올 수 있는지 알아보겠다.

우리가 해야 할 일은 맞춤 이벤트 유형의 트리거를 만들고, 이 트리거에 전자상거래용 view_item 이벤트를 연결하는 것이다. 트리거를 만들기 위해 GTM에서 왼쪽 사이드바의 트리거 메뉴로 들어가 보자. 여기서 '새로 만들기' 버튼을 클릭한 후 '맞춤 이벤트' 트리거 유형을 선택한다.

▲ '맞춤 이벤트' 트리거 유형 선택

맞춤 이벤트 트리거를 선택하면, 이벤트 명을 입력하는 난이 나타난다. 여기서 말하는 이벤트는 데이터레이어에서 보이는 이벤트 명을 의미한다. 우리가 앞서 데이터레이어 이벤트를 생성하고 GTM 미리보기를 확인했을 때, 미리보기의 왼쪽 사이드바에서 해당 이벤트명을 볼 수 있었다. 이 이벤트를 인식하고 트리거를 발동하는 것이 '맞춤 이벤트'이다. 데이터레이어 이벤트명으로 입력한 view_item을 '이벤트 이름' 입력란에 기입하고 저장을 클릭한다.

▲ '맞춤 이벤트' 트리거 발동 조건

이제는 이 트리거가 작동하는 시점에 발동되는 태그를 생성할 단계이다. 태그에서 view_item이라는 이름의 GA4 이벤트 태그를 생성한다. 전자상거래용 태그를 설정하기 위해 두 가지 추가 작업이 필요하다. 첫째, 매개변수를 연결하는 작업이다. 여기서 중요한 것은 구글 전자상거래 보고서가 인식할 수 있는 매개변수명을 기입해야 한다.

GA4 챕터에서 언급한 추천 이벤트 개발자 사이트에 접속하여 view_item 이벤트 하위에서 인식할 수 있는 매개변수 중 적합한 매개변수명을 찾아야 한다. 우리는 '상품이름' 값을 가져올 것이므로 매개변수명을 item_name으로 명명할 것이다.

▲ 구글 개발자 사이트에서 view_item 매개변수 확인

둘째, 해당 데이터가 전자상거래 태그임을 인식시키는 것이다. 태그 생성창 하단의 '기타 설정'에서 '전자상거래 데이터 전송'을 체크하고, 데이터 소스는 기본값인 Data Layer로 설정한다.

▲ GA4 전자상거래용 view_item 이벤트 생성

이제 태그 세팅이 완료되었으니 방금 생성한 맞춤 이벤트 유형 트리거와 해당 태그를 연결하면 된다.

▲ View_item 전자상거래 태그 및 트리거 연결

저장 후 GTM 메인 화면에서 '미리보기' 버튼을 클릭하여 태그가 잘 발동되는지 확인해 보자. 미리보기 창에서 상세페이지에 접속한 후 GTM 모니터링 화면으로 돌아오면, 아래 이미지처럼 의도한 이벤트들이 정상적으로 작동한 것을 확인할 수 있다.

▲ GTM 미리보기 창에서 이벤트 태그 디버깅

GA4 디버그 뷰에서도 확인해 보자. 디버그 뷰에서 데이터가 GA4에 정상적으로 유입되고 있는 것을 확인할 수 있다. 여기서 이벤트 데이터가 전자상거래 데이터로 인식되는지 아니면 일반 이벤트로 인식되는지 확인이 필요하다.

점검 방법은 이벤트 명(view_item)을 클릭하여 보여지는 세부 메뉴에서 '항목(item)'이 보여지는지 확인하는 것이다. 그리고 항목 메뉴 내에 세팅한 매개변수 데이터들이 제대로 들어오는지 체크하자. 데이터가 이상 없이 유입되었다면 약 48시간 내에 전자상거래 관련 보고서에서 해당 데이터를 볼 수 있다.

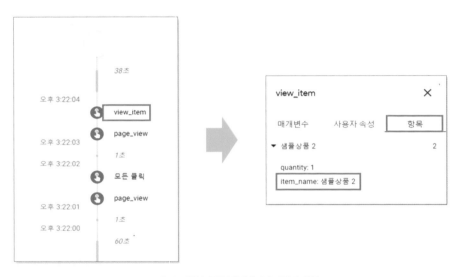

▲ GA4 미리보기에서 전자상거래 데이터 확인

지금까지 'view_item'에 관련한 GA4 전자상거래 태그를 생성하는 과정을 살펴보았다. 동일한 방식으로 add_to_cart, begin_checkout, purchase 이벤트까지 생성하면 전자상거래 보고서가 완성된다. 또한, 가격 값을 변수화하여 value라는 이름의 매개변수로 넣어주면 매출 데이터도 얻을 수 있다. 이렇게 ChatGPT와 GTM을 활용하면, 개발 지식이 많지 않더라도 GA4를 보다 폭넓게 활용할 수 있다.

		인식하는 이벤트명			인식하는 매개변수
항목 이름 ▾	+	View_item ↓ 조회된 상품	Add_to_cart 장바구니에 추가된 상품	Purchase 구매한 상품	value 상품 수익
		17,378 총계 대비 100%	255 총계 대비 100%	5,653 총계 대비 100%	₩120,552,902 총계 대비 100%
1		6,225	57	127	₩4,258,980
2		2,304	10	8	₩285,120
3		2,262	4	10	₩748,000
4		1,711	26	0	₩0
5		624	6	20	₩857,120
6		601	3	12	₩603,400
7		490	28	67	₩5,327,960

▲ 수집된 GA4 전자상거래 기본 보고서 인식 데이터 예시

Chapter 04

Google Ads

- 구글애즈란?
- 구글애즈의 구조
- 구글애즈 세팅의 첫걸음 '목표 설정'
- 구글애즈 광고 종류
- 구글애즈의 타겟팅
- 구글애즈 계정 생성 방법
- GTM을 활용한 전환 태그 세팅
- ChatGPT를 활용해 전환 가치 세팅
- GA4와 연동하여 나만의 리마케팅 세팅

구글애즈란?

디지털 마케팅의 시대에, 구글애즈(Google Ads)는 디지털 광고 산업에서 비즈니스 성공을 위한 필수 도구 중 하나로 꼽힌다. 구글애즈는 구글이 제공하는 온라인 광고 플랫폼으로, 마케터가 특정 키워드를 설정하여 검색 결과 페이지나 구글의 다양한 네트워크에 광고를 게재할 수 있도록 한다. 따라서 구글애즈는 전통적인 광고 방식과 달리 정교한 타겟팅과 결과 측정 및 분석이 가능한 강력한 도구로, 마케팅 전략에서 빼놓을 수 없는 요소가 되었다.

▲ GTM 미리보기 창에서 이벤트 태그 디버깅

구글애즈는 2000년에 'AdWords'라는 이름으로 처음 출시되었으며, 2018년에 'Google Ads'로 리브랜딩되었다. 이 플랫폼은 검색 결과에 광고를 표시하는 것뿐만 아니라, 유튜브, 구글 디스플레이 네트워크, 구글 마이 비즈니스 등 다양한 구글 자산을 통해 광고를 게재할 수 있다. 이를 통해 마케터는 원하는 타겟층에게 더욱 효과적으로 접근할 수 있으며, 브랜드 인지도 향상 및 매출 증대에 기여할 수 있다.

구글애즈의 주요 장점 중 하나는 타겟팅 기능이다. 구글애즈는 사용자들이 검색하는 키워드, 지역, 언어, 인구통계학적 정보, 관심사 등을 기반으로 매우 정밀하게 타겟팅할 수 있다. 이는 마케터가 자신의 제품이나 서비스를 필요로 하는 잠재 고객에게 직접 도달할 수 있게 하여 광고 효율성을 극대화한다. 또한, 리타게팅 기능을 통해 이전에 웹사이트를 방문한 사용자에게 다시 광고를 노출해 전환율을 높이는 전략도 가능하다.

또한 구글애즈는 광고 성과를 효과적으로 관리할 수 있는 도구를 제공한다. 마케터는 클릭당 비용(CPC), 노출당 비용(CPM), 전환당 비용(CPA) 등의 다양한 최적화 방식을 선택할 수 있다. 예산 부분에서도 일별 혹은 특정 기간별 예산을 설정하여 광고비를 철저히 통제할 수 있는 장점이 있다. 이러한 장점은 중소기업부터 대기업까지 다양한 규모의 광고를 자신의 예산에 맞춰 집행할 수 있게 한다.

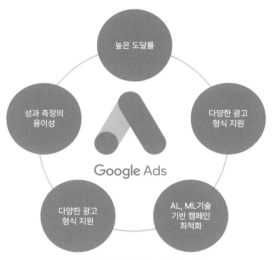

▲ 구글애즈를 활용하는 이유 5가지

구글애즈를 활용해야 하는 이유는 여러 가지가 있다. 첫째, 높은 도달률이다. 구글은 전 세계에서 가장 많이 사용되는 검색 엔진으로, 이를 통해 마케터는 의도한 광고를 송출하여 광범위한 잠재 고객에게 메시지를 전달할 수 있다. 검색 영역 외에도, 구글과 제휴된 다양한 지면에 영상 및 이미지 광고를 송출할 수 있는 애드센스(Adsense)를 통해 디스플레이 네트워크를 구축할 수 있다. 구글은 매일 수십억 건의 검색 및 트래픽 데이터를 처리하므로, 이러한 높은 글로벌 네트워크를 기반으로 마케터는 효과적인 타겟 사용자 트래픽을 획득할 수 있다.

둘째, 구글애즈는 성과 측정이 용이하다. 마케터는 클릭 수, 노출 수, 전환 수 등 다양한 지표를 실시간으로 확인할 수 있으며, 이를 통해 광고 캠페인의 효과를 즉각적으로 평가하고 조정할 수 있다. 다만, 구글 광고 진행 시 대시보드 내에서 실시간으로 수치가 업데이트되지만, 이는 몇 시간 전의 데이터가 반영된 것이므로, 정확한 광고 성과를 파악하기 위해서는 최소 하루 정도의 시간이 흐른 뒤에 대시보드 데이터를 확인하는 것이 좋다.

셋째, 구글애즈는 다양한 광고 형식을 지원한다. 텍스트 광고, 이미지 광고, 동영상 광고 등 다양한 형식의 광고를 통해 다양한 타겟층의 관심을 끌 수 있다. 특히, 유튜브 광고는 동영상 콘텐츠 소비가 증가하는 현 시대에 매우 효과적인 마케팅 도구로 자리 잡고 있다.

넷째, 구글애즈는 합리적인 과금 방식을 제공한다. 구글애즈는 사용자가 광고를 클릭할 때만 비용이 발생하는 CPC(클릭당 비용) 모델을 기본으로 채택하여 광고 비용의 효율성을 높인다. 또한, 광고 유형에 따라 최적화된 과금 방식을 활용할 수 있다. 예를 들어, 유튜브 동영상 캠페인의 경우 CPV(조회당 비용) 또는 CPM(1,000회 노출당 비용) 과금 방식으로 진행된다. 이러한 비용 구조는 광고 예산이 제한적인 소규모 기업에도 가성비 높은 광고 캠페인을 가능하게 한다.

마지막으로, 최신 기술을 활용한 캠페인 최적화가 있다. 구글애즈는 인공지능(AI)과 머신러닝(ML) 기술을 활용하여 지속적인 최적화 및 개선을 가능하게 한다. 이는 광고 캠페인이 자동으로 최적화되어 더 나은 성과를 낼 수 있도록 돕는다. 최근 발표되는 구글의 신규 광고는 대부분 머신러닝을 통해 자동화된 최적화 광고이다. 빅테크 기업들의 머신러닝 원리를 이해하고 이를 잘 활용하는 마케터가 더 높은 성과를 얻기 쉬운 환경이 조성되고 있다.

구글애즈는 정교한 타겟팅, 성과 측정의 용이성, 다양한 광고 형식 지원, 비용 효율성, AI 및 머신러닝 기반의 최적화 기능 등으로 인해 디지털 마케팅 전략에서 매우 중요한 도구로 자리 잡고 있다. 구글애즈를 효과적으로 활용함으로써 마케터는 더 많은 잠재 고객에게 도달하고, 브랜드 인지도를 높이며, 궁극적으로 매출 증대라는 목표를 달성할 수 있다.

구글애즈의 구조

구글애즈(Google Ads)는 디지털 광고 분야에서 다양한 기능과 도구를 제공하여 마케터가 효과적으로 목표를 달성할 수 있도록 돕는 강력한 도구 중 하나이다. 따라서 구글애즈의 구조를 이해하는 것은 성공적인 광고 캠페인을 기획하고 실행하는 데 필수적이다. 이번 섹션에서는 구글애즈의 구조를 구성하는 주요 요소들을 상세히 살펴보겠다.

구글애즈의 구조는 크게 캠페인(Campaign), 광고 그룹(Ad Group), 광고(Ad)로 구성된다. 이러한 계층 구조는 마케터가 체계적으로 광고를 관리하고 최적화할 수 있도록 돕는다.

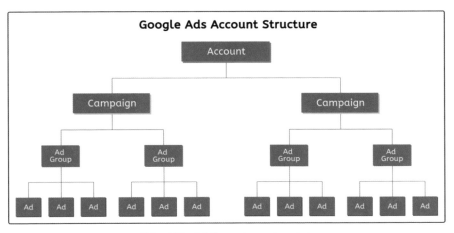

▲ 구글애즈의 구조 / 출처 : creativewebsitemarketing.com

캠페인(Campaign)

구글애즈 계정의 최상위 레벨은 캠페인이다. 캠페인은 광고 목적에 따라 다양한 유형으로 나뉘며, 각 캠페인은 특정 목표를 달성하기 위해 설계된다. 주요 캠페인 유형에는 검색 네트워크 캠페인(Search Network Campaign), 디스플레이 네트워크 캠페인(Display Network Campaign), 쇼핑 캠페인(Shopping Campaign), 동영상 캠페인(Video Campaign), 앱 캠페인(App Campaign) 등이 있다. 캠페인 단계에서는 예산, 기간, 입찰 전략 등 전체 캠페인을 구성하는 데 필수적인 옵션을 설정할 수 있다.

광고 그룹(Ad Group)

캠페인 내에는 여러 개의 광고 그룹이 포함될 수 있다. 광고 그룹은 특정 주제나 타겟팅 전략에 따라 그룹화된 광고의 집합이다. 광고 그룹에서는 타겟팅과 함께 캠페인 단계에서 설정한 입찰 전략을 더 세밀하게 관리할 수 있다. 예를 들어, 하나의 캠페인 내에서 서로 다른 제품 라인에 대해 광고 그룹을 구분하고, 각 제품군에 맞춘 타겟팅과 입찰가를 설정할 수 있다.

광고(Ad)

광고 그룹 내에는 여러 개의 광고가 포함될 수 있다. 각 광고는 텍스트, 이미지, 동영상 등 다양한 형식으로 구성될 수 있다. 텍스트 광고는 제목, 설명, 표시 URL로 구성되며, 이미지 광고는 시각적으로 매력적인 이미지를 통해 사용자에게 다가간다. 동영상 광고는 유튜브와 같은 플랫폼에서 사용자의 관심을 끌고 트래픽을 유도한다. 구글 애즈의 광고를 통해 마케터는 타겟 사용자의 관심을 끌거나, 조회나 클릭을 유도하고 나아가 전환을 목표로 할 수 있다.

구글애즈의 구조는 체계적이고 유연하여 마케터가 다양한 목표를 달성할 수 있도록 설계되었다. 캠페인, 광고 그룹, 광고로 구성된 이 구조는 광고를 세밀하게 관리하고 최적화할 수 있게 도와준다. 구글애즈의 구조를 제대로 이해하고 활용함으로써 마케터는 효율적인 마케팅 캠페인을 실행하고 높은 성과를 달성할 수 있을 것이다.

✎ 구글애즈 세팅의 첫걸음 '목표 설정' ✎

구글애즈 캠페인 세팅 시, 목표 선택은 성공적인 광고 캠페인을 위해 매우 중요한 요소다. 각 캠페인 목표는 마케터의 비즈니스 목표와 광고 전략에 맞춰 설정할 수 있다. 구글애즈는 다양한 마케팅 툴 중에서도 선택지가 많다. 목표 설정 기능은 선택한 목표에 맞는 최적의 옵션만을 남기고 나머지는 배제하는 방식으로 작동한다. 마케팅 목표가 명확하지만 구글애즈의 기능을 잘 모르는 경우, 목표 설정을 통해 캠페인 세팅 속도를 개선할 수 있다. 그렇다면 구글애즈는 어떤 목표를 제공할까? 아래는 구글애즈에서 선택할 수 있는 목표 리스트다. 주요 캠페인 목표 별 특징에 대해 상세히 알아보자.

▲ 구글애즈에서 세팅 가능한 목표

판매(Sales)

판매 목표는 온라인, 앱, 전화, 오프라인 매장을 통한 직접적인 판매를 촉진하는 데 중점을 둔다. 이 목표는 주로 전자상거래 비즈니스에서 사용되며, 제품 페이지로의 직접적인 트래픽을 유도하여 구매 전환을 높이는 것이 목적이다. 판매 목표를 설정하면 검색 광고, 디스플레이 광고, 쇼핑 광고, 실적 최대화, 동영상, 디맨드 젠(Demand Gen) 캠페인을 세팅할 수 있다. 다만 구글애즈 캠페인에서 판매를 전환으로 인식하는 전환 태그가 필수적으로 설치되어 있어야 한다.

리드(Leads)

리드 목표는 고객의 액션을 유도하여 리드(잠재 고객) 및 기타 전환을 늘리는 데 초점을 맞춘다. 리드 목표를 통해 마케터는 잠재 고객의 정보를 수집하거나 서비스에 대한 문의를 유도할 수 있다. 이를 위해 연락처 폼, 뉴스레터 가입, 상담 예약 등의 방법을 활용할 수 있다. 리드 목표를 선택하면 검색 광고, 디스플레이 광고, 쇼핑 광고, 퍼포먼스 맥스, 동영상, 디맨드 젠 캠페인을 세팅할 수 있다. 리드 목표 캠페인도 판매 목적과 마찬가지로 리드를 규정하는 전환 태그가 필수적으로 준비되어 있어야 한다.

웹사이트 트래픽(Website Traffic)

웹사이트 트래픽 목표는 관련성 높은 사용자가 마케터의 웹사이트를 방문하도록 유도하는 데 목적이 있다. 이를 통해 예산 내에서 더 많은 방문자를 유입시켜, 궁극적으로 전환 가능성을 높이는 전략을 취할 수 있다. 트래픽 목적으로 캠페인을 세팅하면 검색, 디스플레이 캠페인은 전환 태그가 설정되어 있지 않더라도 곧바로 세팅할 수 있다. 하지만 궁극적으로 트래픽 광고를 통한 전환도 마케터에게 중요한 요소이기에 의도한 전환 액션을 설정하는 것이 좋다.

앱 프로모션(App Promotion)

앱 프로모션 목표는 앱의 설치 수를 늘리고, 기존 사용자들의 참여도를 높이는 데 중점을 둔다. 구글애즈는 구글 플레이 스토어, 유튜브, 디스플레이 네트워크 등 다양한 플랫폼을 통해 앱 광고를 노출한다. 앱 내 전환 이벤트가 설정되어 있다면 마케터는 앱 설치 유도뿐 아니라, 앱 참여 증대, 사전 등록 등의 목표를 설정하여 캠페인을 운영할 수 있다.

인지도 및 구매 고려도(Awareness and Reach)

인지도 및 구매 고려도 목표는 브랜드 인지도를 높이고, 제품 또는 브랜드에 대한 관심을 끌어내는 데 목적이 있다. 이는 주로 대규모 도달 또는 브랜드 메시지 전달을 위해 사용된다. 이 목표는 넓은 타겟층을 대상으로 광고를 노출시켜 브랜드 인지도를 확장하는 데 효과적이다. 디스플레이 광고와 동영상 광고가 주로 활용되며, 전환 태그가 설정되어 있다면 디맨드 젠 캠페인도 세팅이 가능하다.

오프라인 매장 방문 및 프로모션(Local Store Visits and Promotions)

오프라인 매장 방문 및 프로모션 목표는 오프라인 매장의 방문을 유도하고, 프로모션을 통해 고객의 참여를 유도하는 데 중점을 둔다. 주로 위치 기반 광고를 통해 가까운 지역의 잠재 고객을 타겟팅하며, 구글 지도와 연동되어 매장 방문 전환을 촉진한다. 아쉽게도 해당 목표는 모든 국가에서 적용되지는 않는다. 오프라인 매장 방문 목표 세팅이 가능한 국가는 아래 목록을 통해 참고하자.

▲ 국가별 매장 방문 측정 사용 가능 여부 / 출처 : 구글애즈

목표 설정 없이 캠페인 만들기(Create a Campaign without a Goal's Guidance)

이 선택지는 구글애즈에서 세팅 가능한 모든 옵션을 열어 두고 캠페인 세팅을 하고자 할 때 사용된다. 목표에 국한되지 않고 원하는 캠페인 유형을 먼저 선택한 후, 맞춤 설정을 통해 세부적으로 캠페인을 세팅할 수 있다. 이 방법은 모든 옵션을 선택 가능하게 하여 유연성이 가장 높다.

구글애즈에서 다양한 캠페인 목표 설정을 통해 마케터는 자신의 비즈니스 목표에 맞춰 구글애즈를 효과적으로 활용할 수 있다. 각 목표는 특정 마케팅 전략에 맞춰 최적의 광고 형식과 타겟팅 옵션을 제공하므로, 어떤 목표에 어떤 옵션이 매칭되는지 차근차근 공부하면 큰 도움이 될 것이다.

구글애즈 광고 종류

　　디지털 마케팅의 핵심 도구 중 하나인 구글애즈는 다양한 광고 형식을 제공한다. 이를 통해 마케터는 디지털 환경에서 다양한 마케팅 목표를 수립하고 이를 구현할 수 있다. 이번 섹션에서는 구글애즈에서 제공하는 주요 광고 종류에 대해 살펴보겠다.

▲ 구글애즈에서 세팅 가능한 캠페인 유형

검색 광고(Search Ads)

　　검색 광고는 사용자가 구글 검색 엔진에 입력한 키워드에 따라 텍스트 광고가 검색 결과 페이지에 표시되는 형식의 광고다. 포털 사이트에서 무언가를 검색하는 사용자 특성상, 이러한 검색 광고는 주로 구매 의도가 높은 사용자에게 노출되므로 다른 유형의 광고보다 높은 전환율을 기대할 수 있다. 검색 광고는 간단한 텍스트 설정으로도 빠르게 시작할 수 있는 장점이 있다.

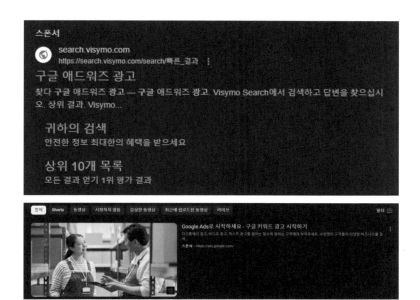

▲ 구글 검색 광고 예시

디스플레이 광고(Display Ads)

디스플레이 광고는 구글 디스플레이 네트워크(Google Display Network)를 통해 다양한 웹사이트와 앱, 유튜브 등에 배너, 이미지, 동영상 형식으로 노출된다. 이러한 광고는 시각적으로 매력적인 콘텐츠를 통해 브랜드 인지도를 높이고, 관심 있는 잠재 고객에게 도달하는 데 효과적이다. 구글애즈에서 제공하는 다양한 타겟팅 옵션을 활용하여 유효한 고객을 대상으로 광고를 노출할 수 있다.

▲ 디스플레이 광고 노출 예시 / 출처 : 구글

쇼핑 광고(Shopping Ads)

쇼핑 광고는 주로 전자상거래 사이트를 위한 광고 형식으로, 제품의 이미지, 가격, 상점 이름 등을 포함하여 구글 검색 결과 페이지와 구글 쇼핑 탭에 표시된다. 마케터는 구글 머천트 센터(Google Merchant Center)에 제품 데이터를 업로드하고 이를 구글애즈로 가져와 쇼핑 광고를 생성할 수 있다. 쇼핑 광고는 구매 의사가 높은 사용자에게 직접적으로 제품을 노출하므로, 높은 전환율을 기대할 수 있다. 다만, 한국에서는 이커머스 시장에서 네이버의 영향력이 크기 때문에, 구글 쇼핑 광고는 보조적인 광고로 활용하는 것이 좋다.

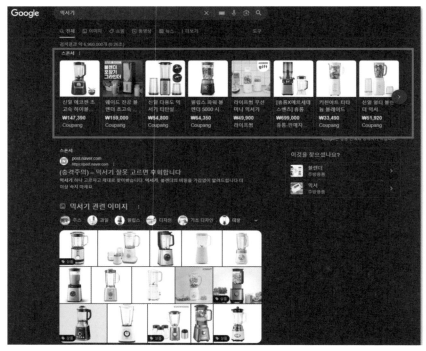

▲ 쇼핑 광고 노출 예시

동영상 광고(Video Ads)

동영상 광고는 유튜브와 구글의 비디오 파트너 네트워크에서 노출되며, 다양한 형식과 길이의 광고를 노출할 수 있다. 주요 형식으로는 스킵 가능한 인스트림 광고, 스킵 불가능한 인스트림 광고, 인피드 동영상 광고, 범퍼 광고, 아웃스트림 광고 등이 있다. 동영상 광고는 브랜드 메시지를 효과적으로 전달하고, 넓은 시청자층을 대상으로 인지도를 높이는 데 적합하다. 전환 태그가 설정된 경우, 동영상을 활용한 전환 유도 광고도 세팅할 수 있다. 최근 동영상을 통한 전환 유도 광고는 높은 효율을 기록하고 있으므로 꼭 활용해 보자.

▲ 동영상 광고의 주요 유형

앱 캠페인(App Campaigns)

앱 광고는 모바일 앱의 설치와 참여를 유도하기 위한 광고 형식이다. 구글 플레이 스토어, 모바일 환경의 검색 결과, 디스플레이 네트워크, 유튜브 등에 노출된다. 앱 광고는 마케터가 기본 설정만 해두면 완전 자동화로 캠페인이 최적화된다. 마케터는 텍스트, 이미지, 동영상 등의 광고 애셋(Asset)을 업로드하고, '앱 설치 유도', '앱 참여 증대', '앱 출시 전 사전 등록' 등의 목표를 설정할 수 있다.

▲ 앱 광고 노출 예시

스마트 캠페인(Smart Campaigns)

스마트 캠페인은 자동화된 광고로, 최소한의 설정만으로 쉽게 광고를 시작할 수 있는 캠페인 옵션이다. 스마트 광고 유형을 선택하면 사용자 친화적인 UI가 보이며, 광고 노출에 필요한 정보를 순서대로 입력할 수 있도록 안내한다. 설정이 완료되면 구글애즈가 광고를 자동으로 최적화하여 선택한 목표에 맞게 광고를 운영한다. 중소기업이 구글애즈 관련 지식이 부족한 경우에도 손쉽게 광고를 노출할 수 있다. 다만, 디테일한 캠페인 수정이 어렵기 때문에 정교한 설정이 필요한 캠페인에는 적합하지 않을 수 있다. 스마트 광고는 검색, 디스플레이 네트워크, 구글 지도 등에 노출된다.

▲ 스마트 광고 세팅 시 보여지는 UI

디맨드 젠 캠페인(Demand Gen Campaigns)

디맨드 젠 캠페인은 유튜브, 디스커버, 지메일(Gmail) 등에 노출되는 전환 최적화 광고다. 전환 최적화 광고이기에 이 캠페인을 세팅하기 위해서는 전환 설정이 필수적이다. 이미지와 텍스트 소재를 활용하여 세팅할 수 있으며, 유튜브 지면에 빠르게 광고를 노출하고 전환을 일으키기 위한 목적으로 많이 활용된다. 국내에서도 디맨드 젠 캠페인을 활용하여 전환 캠페인을 진행하는 사례가 많아지고 있으며, 좋은 효율을 내는 사례가 많아지는 만큼 적극적으로 활용해 보자.

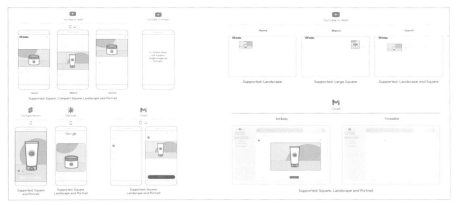

▲ 디멘드 젠 캠페인 노출 지면 예시 / 출처 : 구글

퍼포먼스 맥스 캠페인(Performance Max Campaigns)

　퍼포먼스 맥스 캠페인은 하나의 캠페인으로 구글의 모든 채널과 네트워크에서 광고를 노출하는 전환 최적화 광고다. 이 캠페인도 전환 최적화가 되기 때문에 구글애즈에서 인식할 수 있는 전환 태그가 반드시 설치되어 있어야 한다. 마케터는 동영상, 이미지, 로고, 헤드라인, 설명 등을 업로드하고, 부가적으로 잠재고객 시그널을 규정하면, 구글의 머신러닝 기술이 이를 조합하여 최적의 광고를 생성하고 구글 관련 지면에 자동으로 노출한다. 전환율이나 전환 가치를 극대화하는 형태로 최적화 기준을 설정할 수 있다.

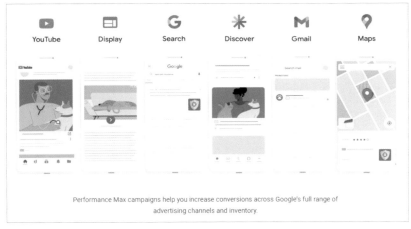

▲ 퍼포먼스 맥스 캠페인 노출 지면 예시 / 출처 : 구글

구글애즈는 다양한 캠페인을 제공하여 마케팅 퍼널 단계별로 적합한 디지털 전략을 구현할 수 있도록 도와준다. 마케터는 구글애즈의 기능을 미리 숙지하고, 필요한 상황에 따라 언제든지 활용할 수 있는 배경 지식을 갖추는 것이 중요하다. 구글애즈의 기능을 숙지하면 다른 디지털 광고 툴을 활용할 때에도 큰 도움이 될 것이다.

구글애즈의 타겟팅

구글애즈는 다양한 광고 유형뿐만 아니라 타겟팅에서도 다양한 옵션을 제공한다. 이를 통해 마케터는 의도한 타겟 사용자에게 광고를 효율적으로 노출시킬 수 있다. 구글애즈의 타겟팅 옵션은 크게 두 가지로 나눌 수 있다.

'사용자 기반 타겟팅'과 '콘텐츠 기반 타겟팅'. 각 타겟팅 옵션은 마케팅 목적과 전략에 맞게 활용될 수 있다. '사용자 기반 타겟팅'과 '콘텐츠 기반 타겟팅' 외에도 구글애즈의 특정 설정을 타겟팅처럼 활용하는 방법도 있다. 지금부터 구글애즈에서 세팅 가능한 타겟팅 옵션들을 하나씩 자세히 알아보자.

사용자 기반 타겟팅

사용자 기반 타겟팅은 사용자의 행동, 관심사, 인구통계학적 특성 등을 기반으로 광고를 노출하는 방법이다. 사용자를 식별하는 방식은 크게 두 가지로 나뉜다. 첫째, 안드로이드 기기나 크롬 브라우저 등에서 로그인을 한 상태로 수집된 로그인 기반 데이터. 둘째, 구글 애드센스를 비롯한 광범위한 구글 네트워크를 통해 수집된 비로그인 데이터를 대상으로 군집화 분석을 통해 사용자를 식별하는 확률 데이터다.

사용자 기반 타겟팅을 통해 마케터는 원하는 조건의 사용자를 대상으로 광고를 송출할 수 있다. 사용자 기반 타겟팅은 구글애즈 내 '잠재고객' 항목에서 세팅할 수 있다. 다음은 사용자 기반 타겟팅의 다양한 종류다.

1. 인구통계 타겟팅

인구통계 타겟팅은 사용자의 나이, 성별, 자녀 유무, 소득 수준 등을 설정할 수 있다. 이를 통해 특정 연령대의 여성이나, 고소득층을 대상으로 광고를 노출할 수 있다. 실무에서 많이 사용되는 타겟팅은 성별과 연령 타겟팅이다. 판매하고자 하는 제품이나 서비스의 타겟 연령대에게 집중적으로 광고를 노출하여 제품 인지도를 높이거나 전환을 유도할 때 활용된다.

성별	연령	자녀 유무	가구 소득
☑ 여성	☑ 18~24	☑ 자녀 없음	☑ 상위 10%
☑ 남성	☑ 25~34	☑ 자녀 있음	☑ 11~20%
☑ 알 수 없음 ⑦	☑ 35~44	☑ 알 수 없음 ⑦	☑ 21~30%
	☑ 45~54		☑ 31~40%
	☑ 55~64		☑ 41~50%
	☑ 65세 이상		☑ 하위 50%
	☑ 알 수 없음 ⑦		☑ 알 수 없음 ⑦

▲ 인구통계 타겟팅 세팅 화면

2. 관심사 및 습관 정보

관심사 및 습관 정보 타겟팅은 사용자의 인터넷 사용 패턴, 관심사, 쇼핑 습관 등을 분석하여 타겟 사용자에게 광고를 노출하는 방식이다. 줄여서 관심사 타겟팅이라고도 한다. 마케터가 관심사 타겟팅을 세팅하면 구글은 앱 및 웹사이트 활동 기록 등을 분석하여 그 분야에 관심이 있을 것으로 예상되는 사용자를 찾아 광고를 노출한다.

▲ 관심사 및 습관 정보 세팅 화면

구글은 지메일(Gmail) 계정을 사용하는 사용자들에게 내가 사용하는 구글 계정이 어떤 관심사를 갖고 있는지에 대한 정보를 제공한다. 구글에 로그인한 후, 우측 상단 계정 아이콘을 클릭하여 'Google 계정 관리'에 접속한 후 '개인 정보 보호 맞춤 설정' 메뉴의 '내 광고 센터'로 들어가 보자.

▲ 구글 계정 관심사 정보 확인 방법

해당 메뉴에 접속하면 로그인한 계정에 대한 관심사 정보를 볼 수 있다. 여기서 '광고 맞춤 설정'에 들어가면 어떤 주제의 관심사로 규정되어 있는지 구체적인 정보를 확인할 수 있다. 필요시 나에게 노출되는 광고의 주제를 조절할 수도 있다. 구글이 내가 어떤 주제에 관심이 있다고 규정했는지 확인해 보자.

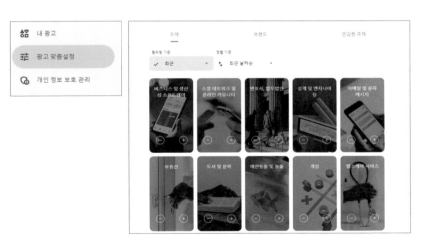

▲ 구글 계정 관심사 정보

3. 시장조사 또는 구매 계획 정보

시장조사 또는 구매 계획 정보는 구매 의도나 고객 생애 주기를 기반으로 한 타겟팅 옵션을 제공한다. 구매 의도의 경우 google.com이나 youtube.com에서 관련 주제를 검색해 본 이력이 있는 사용자를 대상으로 타겟팅을 한다. 관심사는 단순히 관련 콘텐츠를 본 사람을 대상으로 광고가 노출된다. 반면 구매 의도는 관심사 타겟팅 대비 상대적으로 적극적으로 자료를 탐색하는 사용자에게 광고를 노출하는 방식이다. 고객 생애 주기는 최근 결혼을 했거나 대학을 졸업한 것과 같이 생애 주기 변화를 기반으로 타겟팅하는 기능이다.

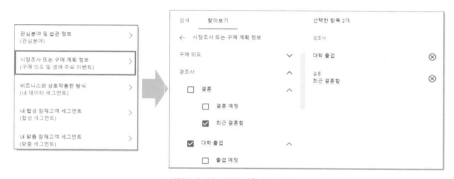

▲ 시장조사 또는 구매 계획 세팅 화면

4. 비즈니스와 상호작용한 방식

일종의 리마케팅으로, 이미 웹사이트를 방문했거나 앱을 사용한 적이 있는 사용자에게 다시 광고를 노출하는 방법이다. 리마케팅은 웹사이트 방문자 목록, 앱 사용자 목록, 유튜브 시청자 목록 등 다양한 데이터를 타겟팅에 활용할 수 있다. 이 타겟팅 옵션을 활용하려면 구글애즈나 GA4의 태그를 사이트나 앱에 설치해야 한다. 이후 해당 태그를 통해 사용자 데이터를 구글애즈로 가져와 타겟팅에 활용할 수 있다. 유튜브 캠페인의 경우에는 유튜브 채널과 구글애즈를 연동하여 채널 데이터를 가져온 후에 리마케팅을 활용할 수 있다.

▲ 비즈니스와 상호작용한 방식 세팅 화면

5. 내 합성 잠재고객 세그먼트

합성 타겟팅은 여러 타겟팅 조건을 결합하여 보다 구체적이고 정밀한 사용자 그룹을 형성하는 방법이다. 합성 타겟팅은 구글이 제공하는 여러 타겟팅 조건을 조합하여 특정 조건을 만족하는 사용자 그룹을 커스텀하여 이들에게 광고를 노출하는 방식이다. 타겟팅 조합은 And, Or, Not으로 설정할 수 있다. 이 조건들을 활용하면 특정 관심사를 가진 사용자들과 특정 구매 의도를 가진 사람을 교집합(And)으로 묶고, 기존 리마케팅 사용자는 배제하는(Not) 타겟 그룹을 생성할 수 있다.

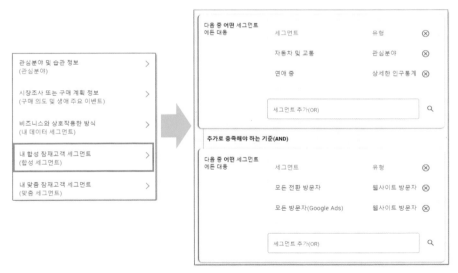

▲ 내 합성 잠재고객 세그먼트 세팅 화면

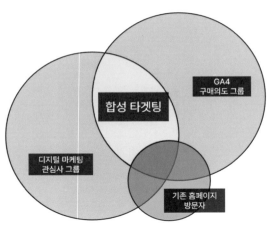

▲ 합성 타겟팅 예시

6. 내 맞춤 잠재고객 세그먼트

'내 맞춤 잠재고객 세그먼트'는 광고주가 특정 키워드, 웹사이트 URL, 앱 사용 데이터 등을 기반으로 사용자 그룹을 정의하는 기능이다. 이를 통해 광고주는 보다 세밀하게 타겟팅할 수 있다. 이 기능을 활용하면 구글애즈에서 기존에 그룹화 되어 있던 선택지 외에, 광고주가 직접 타겟팅을 희망하는 사용자 그룹을 생성하여 맞춤 타겟팅이 가능하다. 내 맞춤 잠재고객 세그먼트는 3가지 소스를 활용하여 생성할 수 있다.

첫 번째는 키워드에 기반하여 잠재고객을 생성하는 방법이다. 특정 키워드를 입력하면 해당 키워드를 검색하거나 해당 키워드가 있는 지면을 보았던 사용자들을 타겟팅 할 수 있다. 예를 들어, '디지털 마케팅', 'GTM', 'GA4' 등의 키워드를 지정하면, 단순히 구글에서 사전에 규정된 마케팅 관심사 타겟팅보다 훨씬 정교하게 타겟팅할 수 있다.

두 번째 생성 방식은 URL을 이용하는 것이다. 세팅 화면에 URL을 입력하면 구글 봇이 해당 URL의 텍스트 데이터를 크롤링한다. 이후 해당 텍스트를 검색하거나 그 텍스트가 있는 콘텐츠를 많이 보았던 사용자에게 타겟팅을 하게 된다. 이 방법을 활용하면 내 제품의 경쟁사 사이트 URL을 기입하여 해당 URL에 기재된 텍스트를 자주 본 사용자에게 타겟팅할 수 있다.

마지막 세 번째 방법은 앱을 기반을 잠재고객을 생성하는 방법이 있다. 구글 플레이 스토어에 등록된 앱 정보를 활용한다. 세팅 시 구글 플레이 스토어에 등록된 모든 앱을 타겟팅 할 수 있다. 특정 앱을 선택하면 해당 앱을 설치한 사용자들의 행동 패턴을 바탕으로 유사한 행동 패턴을 보이는 사용자들에게 광고를 노출할 수 있다. 예를 들어 쇼핑 사이트를 홍보할 경우 기존 타 업체의 앱을 타겟팅하여 단순히 검색을 해본 사용자보다 깊이 있는 관심을 보이는 사용자들을 타겟팅할 수 있다.

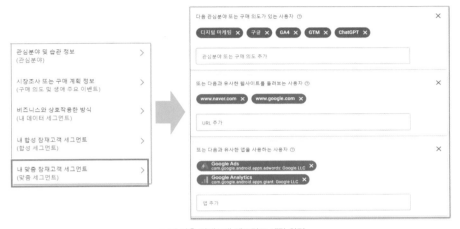

▲ 내 맞춤 잠재고객 세그먼트 세팅 화면

콘텐츠 기반 타겟팅

콘텐츠 기반 타겟팅은 광고가 게재될 웹사이트나 동영상 등의 콘텐츠 또는 관련 키워드가 있는 지면을 기반으로 광고를 노출하는 방식이다. 사용자 입장에서는 현재 보고 있는 콘텐츠 주변에 관련 광고가 노출되므로, 마케터는 이 타겟팅을 통해 높은 주목도를 획득할 확률이 높다. 콘텐츠 기반 타겟팅의 종류를 구체적으로 살펴보자.

1. 게재위치 타겟팅

콘텐츠 기반 타겟팅의 가장 기본은 게재위치 타겟팅이다. 게재위치 타겟팅은 특정 URL을 지정하여 해당 지면에 광고를 노출하는 방법이다. 세팅 시 주의할 점은 너무 적은 지면을 설정하면 광고 인벤토리가 좁아져 제대로 광고가 노출되지 않을 수 있다는 점이다. 배너 광고를 노출하고자 할 때는 100~200개 이상의 사이트를 등록해야 무리 없이 광고가 노출되며, 유튜브 채널 타겟팅의 경우 구독자 10만 명 이상의 트래픽 기준으로 10개 이상의 채널을 세팅하는 것을 권장한다. 광고 노출 기준은 하루에 얼마나 광고를 노출해야 하는지에 따라 달라지므로 첫 세팅 이후 지속적인 조정이 필요하다.

▲ 게재위치 타겟팅 세팅 화면

2. 키워드 타겟팅

키워드 타겟팅은 선택한 특정 키워드와 관련된 콘텐츠에 광고를 노출하는 방법이다. 예를 들어, '러닝화' 키워드를 선택하면, 이 키워드가 포함된 웹페이지나 동영상에 광고가 게재된다. 이 방법은 구체적인 키워드에 관심 있는 사용자들에게 직접 도달할 수 있기에 예산이 적은 경우에도 높은 관심을 보이는 사용자에게 광고를 송출하는 데 적합하다. 사용자 기반 타겟팅과 키워드 타겟팅의 효율을 비교했을 때, 키워드 타겟팅 그룹에서 상대적으로 높은 반응률을 보이는 경우가 많다.

▲ 키워드 타겟팅 세팅 화면

3. 주제 타겟팅

주제 타겟팅은 특정 주제와 관련된 모든 콘텐츠에 광고를 노출하는 방법이다. 구글에서 특정 사이트가 검색되려면 구글 서버에 색인이 생성되어 있어야 한다. 이 데이터를 바탕으로 구글은 해당 사이트가 어떤 주제에 관련된 페이지인지 판단한다. 이렇게 판단된 데이터를 다양한 주제로 구분하여 타겟팅으로 제공한다. 예를 들어, 주제 타겟팅에서 '스포츠' 주제를 선택하면 스포츠 관련 기사, 블로그, 동영상 등에 광고가 노출된다.

▲ 주제 타겟팅 세팅 예시

기타 타겟팅

구글애즈에는 기본적으로 제공되는 기능을 타겟팅에 활용할 수 있는 방법도 있다. 캠페인 단계에서 설정할 수 있는 위치, 언어, 기기 세 가지 기능에 대해 알아보자.

1. 위치 타겟팅

위치 타겟팅은 특정 지역을 대상으로 광고를 노출하는 방법이다. 특정 도시, 지역, 국가 또는 설정한 반경 내에 있거나 해당 반경에 자주 방문하는 사용자들에게 광고를 노출할 수 있다. 위치 타겟팅에는 크게 '물리적+관심사적' 타겟팅 방식과 '물리적' 타겟팅 방식으로 나뉜다. 구글애즈에서는 '물리적+관심사적' 옵션이 기본값으로 설정되어 있다. 특정 지역에 물리적으로 있는 사람만을 타겟팅하고 싶은 경우, '위치 옵션'에서 물리적 위치 타겟팅으로 변경하면 된다.

▲ 위치 타겟팅 세팅 예시

2. 언어 타겟팅

언어 타겟팅은 어떤 언어를 사용하는 사람에게 광고를 노출할지를 결정하는 것이다. 구글 관련 플랫폼에서 주로 사용하는 언어, 지메일(Gmail) 사용 언어 등의 데이터를 통해 해당 계정의 주요 언어를 파악한다. 일반적으로 위치와 언어를 매칭하여 타겟팅하지만, 크로스 타겟팅도 가능하다. 예를 들어, 위치를 한국으로 설정하고 언어를 베트남어로 설정하면, 한국에 있는 베트남 사람들을 대상으로 타겟팅할 수 있다.

▲ 언어 타겟팅 세팅 화면 예시

3. 기기 타겟팅

기기 타겟팅은 특정 기기(컴퓨터, 모바일, 태블릿, 스마트 TV), 운영체제(Android, iOS 등), 기기 모델(아이폰 15, 갤럭시S24 등), 네트워크(SKT, KT, LG U+ 등)에 광고를 노출할 수 있도록 설정하는 방법이다. 기기 타겟팅은 성과 개선을 위해 고려해야 할 중요한 세부 옵션 중 하나이다. 기기별로 사용자 행동 양식이 다르기 때문이다.

예를 들어, 이커머스 사이트에서는 모바일보다 PC를 통해 유입된 사용자가 더 적극적으로 활동할 가능성이 높다. 또한, 유튜브 영상 광고에서는 스마트 TV가 모바일이나 PC보다 높은 조회율을 기록하는 경우가 많다. 광고 캠페인 진행 시 기기별 데이터를 확인하고, 어떤 기기를 통해 유입된 사용자가 더 적합한지 정기적으로 파악해야 한다.

타겟팅 설정은 광고 캠페인의 성공 여부를 좌우하는 중요한 요소이다. 사용자 기반 타겟팅과 콘텐츠 기반 타겟팅, 그리고 다양한 옵션을 적절히 활용하여 효과적인 광고 전략을 수립하면 개선된 성과를 확인할 수 있을 것이다. 빅테크 기업들의 타겟팅 기능은 지속적으로 업데이트된다. 따라서 디지털 캠페인을 담당하는 마케터는 매체별 최신 기능을 파악하고 트렌드를 반영하여 타겟팅 전략을 지속적으로 업데이트하는 역량이 필요하다.

기기	○ 모든 기기에 표시	모든 기기를 타겟팅하지 않으면 도달범위가 좁아집니다. 하지만 광고가 타겟팅하는 기기에는 더 자주 게재될 수 있습니다.

◉ 특정 기기 타겟팅 설정

ⓘ 기기 타겟팅을 간소화하기 위해 앱, 앱 전면 광고, 웹 타겟팅이 '휴대전화' 및 '태블릿'이라는 새로운 옵션으로 통합되었습니다. 기기 타겟팅에 대해 자세히 알아보기

☐ 컴퓨터 ⚠ 컴퓨터 타겟팅은 고급 모바일 및 태블릿 타겟팅 옵션과 호환되지 않습니다.

☑ 휴대전화

☐ 태블릿

운영체제

iOS(모든 버전)

기기 모델

iPhone 15 Pro Max
iPhone 15 Pro
iPhone 15 Plus 외 1개...

네트워크

모든 네트워크

기기 타겟팅에 대해 자세히 알아보기

취소   저장

▲ 기기 타겟팅 세팅 화면 예시

구글애즈 계정 생성 방법

그럼 실습을 위해 본격적으로 구글애즈 계정 생성 방법을 알아보자. 계정 생성 방법은 간단하다. 구글 검색 창에 "구글애즈"를 검색하면 아래 이미지와 같이 검색 결과가 나온다. Google Ads 오피셜 사이트에 접속해 보자. 만약 필자의 화면과 다른 검색 결과가 나타난다면 각주의 URL[*]로 접속하면 된다.

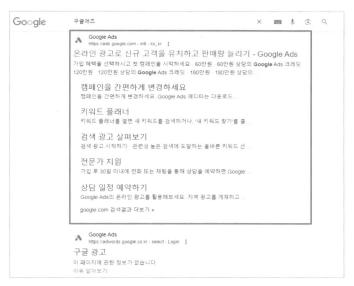

▲ 구글애즈 사이트 접속

사이트에 접속하면 구글애즈의 메인 화면이 나타난다. 여기서 구글 아이디로 로그인한 상태로 '지금 시작하기' 버튼을 클릭한다. 그러면 새 Google Ads 계정을 생성하라는 안내가 나오는데, 여기서 '새 Google Ads 계정' 버튼을 클릭한다.

---

[*]   Google Ads 오피셜 사이트 URL : https://ads.google.com

▲ 구글애즈 시작 1

그러면 구글애즈 계정이 생성되면서 캠페인 생성 가이드 팝업이 나타날 것이다. 우리는 바로 캠페인을 생성할 필요가 없으므로 팝업 하단의 '캠페인 생성 건너뛰기' 버튼을 클릭한다. 이후 계정에 대한 기본 설정 화면이 나타나며, 계정 전문가 안내 및 이메일로 안내 사항을 받을지에 대한 옵션이 표시된다. 원하는 방식을 선택한 후 '제출' 버튼을 클릭하면 모든 절차가 완료된다.

▲ 구글애즈 시작 2

구글애즈를 설정하는 도중에 결제 정보를 입력하는 단계로 넘어가는 경우도 있을 것이다. 이 경우 결제 정보를 입력하고 다음 단계로 넘어가거나, 구글애즈 계정을 새로 만들어서 진행할 수 있다. 첫 계정 생성 UI는 개인별로 다르게 보일 수 있으므로, 각자의 상황에 맞게 정보를 입력하고 절차를 완료하도록 하자.

계정 생성 절차가 완료되면 아래 이미지와 같이 모든 절차가 완료되었다는 안내 문안 페이지가 나타난다. '계정 탐색' 버튼을 클릭하면 방금 생성한 구글애즈 계정에 접속할 수 있다.

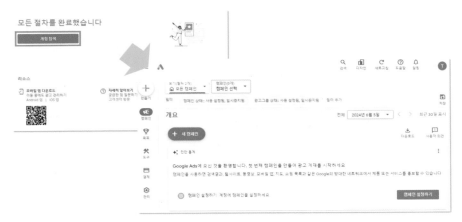

▲ 생성한 구글애즈 계정 접속

✎ GTM을 활용한 전환 태그 세팅 ✎

구글애즈 계정을 생성하였다면, 이제 캠페인 세팅에 필요한 제반 사항을 제대로 설정하는 것이 중요하다. 디지털 광고 캠페인 성과 개선의 핵심은 캠페인 세팅뿐만 아니라, 최적화가 잘 될 수 있는 인프라를 구축하는 데 있다. 이번 섹션에서는 마케터들이 가장 많이 활용하는 '전환 최적화' 세팅에 필수적인 전환 태그의 세팅 방법을 알아보겠다.

먼저 설치해야 할 전환 태그를 발급받아야 한다. 이를 위해 구글애즈에 접속하자. 구글애즈에 접속한 후, 신형 디자인 기준으로 왼쪽 사이드바의 '목표' 메뉴를 클릭하자. 이어서 보이는 서브 메뉴 중 '요약' 메뉴를 클릭 후 '새 전환 액션' 버튼을 클릭한다.

▲ 전환 태그 세팅

그러면 아래 이미지와 같이 구글애즈에서 제공하는 전환 추적 유형이 나타난다. 여기서 '웹사이트' 버튼을 클릭하여 사이트용 전환 태그를 발급받는다.

▲ 웹사이트 전환 추적 유형 선택

웹사이트 유형을 선택하면 전환을 설치할 웹사이트 도메인을 입력하라는 안내가
표시된다. 운영하는 사이트 도메인 URL을 입력하거나, 별도 도메인이 없는 경우 임의
의 웹사이트 URL을 입력해도 된다. 도메인 입력 후 '검사'를 클릭하자.

▲ 도메인 입력 및 검사

추천 전환이 함께 보이거나 수동으로 입력하는 메뉴만 보일 수 있다. 우리는 수동
으로 전환 액션을 만들 것이므로 '수동으로 전환 액션 추가' 버튼을 클릭한다.

▲ 수동으로 전환 액션 생성

이제 전환 액션의 세부정보를 설정하는 화면이 나타난다. 하나씩 기능을 살펴보자.

목표 및 액션 최적화

세팅할 전환의 카테고리를 선택하는 단계이다. 구글애즈에서 여러 전환 액션을 생성했을 때, 각 전환을 그룹화하여 캠페인 세팅 시 편의성을 높이거나 성과 분석 시 동일 그룹의 데이터를 모아서 확인할 수 있다. 예를 들어 '네이버페이 클릭'과 '홈페이지 내 구매 완료' 두 개의 전환을 생성했을 때, 두 전환 모두 '구매'라는 카테고리로 묶어 관리할 수 있다.

'전환 액션 최적화 옵션' 관리도 중요하다. 이 기능은 생성하는 전환을 최적화에 활용할지, 단순 숫자 기록용으로 활용할지를 결정한다. 구매 완료와 같은 중요한 기능은 최적화를 위해 '기본 액션'으로 설정하고, '상품 상세페이지 확인'과 같은 가벼운 액션은 '보조 액션'으로 설정해 숫자는 보되 최적화는 하지 않도록 설정할 수 있다.

▲ 목표 및 액션 최적화

전환 이름

전환 이름은 수집하려는 전환의 이름을 정하는 단계이다. 구매 완료, 네이버페이 클릭, 구독 신청, 회원가입 등의 이름을 편하게 입력하면 된다

값

생성한 전환의 가치를 설정하는 단계이다. 발생하는 전환에 대해 동일한 가치를 부여하거나, 가치를 부여하지 않을 수도 있다. 구독이나 멤버십 가입 등 전환의 가치가 동일할 경우 '동일한 가치 사용' 옵션을 활용하면 된다. 그러나 제품마다 가격이 다른 이커머스 업종의 경우 '전환별로 서로 다른 가치 사용' 옵션을 선택하고 추후 변수 처리를 진행하면 된다. 구체적인 방법은 다음 섹션에서 실습을 통해 진행할 예정이다.

▲ 값 설정

횟수

동일한 사용자가 여러 차례 전환을 발동할 경우 이를 어떻게 카운팅할지 설정하는 옵션이다. '매회'는 발동될 때마다 카운팅하는 옵션으로, 제품을 구매하는 경우가 대표적이다. '1회'는 회원가입 완료, 구독 등 한 사람이 한 번의 액션만 가능한 경우에 해당한다.

기여 기간

기여 기간(또는 전환 추적 기간)은 사용자가 광고와 상호작용한 후 일정 기간 동안 발생한 전환을 추적하는 시간 범위를 의미한다. 이 기간 동안 발생한 전환만 해당 광고와 관련이 있는 것으로 간주한다. 구글애즈에서 기여 기간은 클릭 연결 전환 추적 기간, 조회 완료 전환 추적 기간, 조회 후 전환 추적 기간으로 구분된다.

▲ 기여 기간 설정

1. 클릭연결 전환 추적 기간

사용자가 광고를 클릭한 후 일정 기간 내에 발생하는 전환을 추적하는 기간이다. 예를 들어, 클릭 후 전환 추적 기간을 30일로 설정하면 광고 상호작용 후 30일 이내에 발생한 전환을 추적할 수 있다.

2. 조회 완료 전환 추적 기간

사용자가 동영상 광고를 끝까지 시청한 후 일정 기간 내에 발생하는 전환을 추적하는 기간이다. 예를 들어, 조회 완료 전환 추적 기간을 3일로 설정하면 사용자가 동영상 광고를 보고 이틀 후에 서비스에 가입하면 이 가입이 전환으로 기록된다.

3. 조회 후 전환 추적 기간

사용자가 광고를 본 후 상호작용 없이 발생한 전환을 추적하는 기간이다. 예를 들어, 사용자가 특정 광고에 노출된 후 같은 날 저녁에 웹사이트를 방문하여 제품을 구매하면, 이 구매가 전환으로 기록된다.

각 요소를 의도에 맞게 세팅한 후 '완료' 버튼을 클릭하자. 그러면 화면이 앞으로 돌아오고 방금 생성한 전환의 이름이 리스트에 나타난다. '동의 및 계속하기' 버튼을 클릭해 다음 화면으로 이동하자.

▲ 생성한 전환 저장

이제 방금 생성한 전환 태그를 홈페이지에 설치하는 방법을 선택하는 단계이다. 우리는 구글 태그 매니저(GTM)로 설치를 진행할 것이므로 'Google 태그 관리자 사용' 메뉴를 클릭하고 전환 태그의 정보를 확인한 후 GTM으로 이동하자.

▲ GTM용 전환 태그 정보 확인

GTM 태그 탭으로 이동하여 새로운 태그를 만들어 보자. 태그 구성에서 'Google Ads' 태그 유형을 선택하고, 이어서 보이는 메뉴에서 '전환 추적' 메뉴를 클릭한다.

▲ GTM을 활용한 구글애즈 전환 태그 설치 1

여기서 전환 ID와 전환 라벨을 입력하는 것이 중요하다. 구글애즈 전환 태그 정보에서 확인한 전환 ID와 라벨 값을 그대로 복사하여 붙여넣기하자. 그리고 설정한 전환에 맞는 트리거를 설정하면 원하는 시점에 해당 전환이 발동되어 구글애즈에 기록된다.

▲ GTM을 활용한 구글애즈 전환 태그 설치 2

이렇게 원하는 시점에 최적화를 할 수 있도록 하는 필수적인 작업이 완료되었다. 이제는 보다 정확한 데이터 추적을 위해 필요한 두 가지 추가 작업을 진행하겠다. 이 작업은 전체 페이지에서 인식되는 구글애즈 전환 태그 초기화 작업과 전환 링커 설치 작업이다. 참고로 이 작업들은 전환의 종류가 많더라도 최초 1회만 작업하면 된다.

전환 태그 초기화 작업

GTM에 접속하여 Google 태그로 이동하자. 여기서 태그 ID를 입력하는 칸이 보인다. 여기에 아까 확인했던 숫자로 이루어진 구글애즈 전환 태그 ID를 입력한다. 이후 숫자 앞에 'AW-'를 입력하면 태그 세팅이 완료된다.

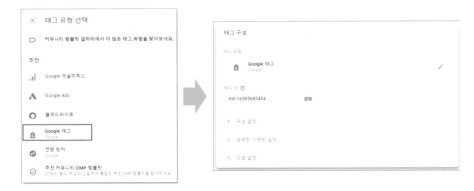

▲ 전환 태그 초기화 작업 1

이어서 트리거를 세팅하자. '트리거' 버튼을 클릭하고 '새로 만들기' 버튼을 누르면 트리거 유형이 나타난다. 여기서 페이지 뷰 유형 내 '초기화' 유형을 선택한다. 기본값 인 '모든 초기화 이벤트'로 설정한 후 '저장' 버튼을 클릭하면 된다.

▲ 전환 태그 초기화 작업 2

▲ 전환 태그 초기화로 설정된 태그와 트리거

전환 링커 태그 작업

다음으로 구글에서 정확한 전환 추적을 위해 설치를 권장하는 '전환 링커' 태그를 세팅하자. 전환 링커 태그의 설치는 간단하다. GTM 태그에서 구글애즈 유형을 선택한 후 전환 링커를 선택한다. 트리거 조건은 GTM에서 기본값으로 제공하는 트리거 중 하나인 '모든 페이지'로 설정하면 된다.

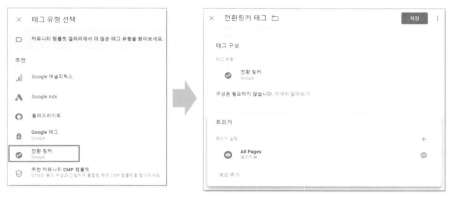

▲ 전환 링커 태그 설치

이렇게 세팅이 완료되었다면 Omnibug나 Tag Assistant Companion을 통해 디버깅을 진행하자. 원하는 타이밍에 전환이 기록된다면 문제가 없는 것이다. 또한, 구글애즈 내에서도 해당 전환이 제대로 인식되는지 확인할 수 있다. 전환 세팅이 완료된 후 다시 '목표' 내 '요약' 메뉴로 접속하면 생성한 전환 태그 목록이 보인다. 여기서 '상태' 부분을 확인하면 되는데, 태그를 설치한 지 얼마 되지 않았다면 아직 태그가 제대로 인식되지 않아 '운영 중지'로 표시될 수 있다.

시간이 지나 태그가 인식되면 '최근 전환 없음'으로 상태가 변경된다. 전환이 발생하면 해당 수치가 기록된다. 만약 태그를 설치했는데 1시간 이상 '운영 중지' 상태라면 태그 설치 현황을 점검해야 한다.

구글애즈에서 태그가 인식되기 전 상태

구글애즈에서 태그가 인식 된 후 상태

▲ 구글애즈 내 태그 인식에 따른 상태 변화

ChatGPT를 활용해 전환 가치 세팅

전환 가치는 전환에 부여된 가치를 의미한다. 예를 들어, A와 B 두 사람이 구글애즈 광고를 통해 동일한 이커머스 사이트에서 물건을 구매했다고 가정해 보자. A는 10,000원짜리 상품 1개를 구매했고, B는 여러 제품을 합쳐 총 50,000원어치의 제품을 구매했다. 이러한 상황에서 단순히 구매 완료 전환 수만 카운팅하면, 구글애즈는 A로부터 1회, B로부터 1회, 총 2회 전환이 발생했다고 기록한다.

전환 최적화 방법에는 '전환 수 자체를 최대화하는 최적화 방식'과 '전환 가치를 최대화하는 최적화 방식' 두 가지가 있다. A 사용자와 B 사용자 상관없이 전환 수만 최적화하려는 캠페인을 진행하려면 앞서 배운 전환 수치만 기록이 되도록 세팅하면 된다. 하지만 B 사용자처럼 우리 사이트에서 한 번에 많은 금액을 소비하는 사람을 대상으로 광고를 송출하고 싶다면, 높은 전환 가치를 발생시키는 사용자의 공통점을 찾도록 구글애즈에 '전환 가치' 데이터를 포함시켜야 한다. 이번 섹션에서는 사이트에서 구매 완료 행동이 발생할 때마다 변동되는 전환 매출을 변수화하고 이를 구글애즈 전환 태그에 세팅하는 방법을 알아보겠다.

전체적인 방법은 이전 챕터에서 ChatGPT를 통해 상품 이름 등을 변수화한 방법과 동일하다. 복습하는 마음으로 천천히 함께 진행해 보자. 가장 먼저 해야 할 일은 목표 사이트에서 구매가 완료되었을 때 발생하는 매출이 어떻게 표시되는지를 확인하는 것이다. 필자의 테스트 사이트에서는 구매가 완료되면 다음과 같은 화면이 나타난다.

▲ 구매완료 시 가격 데이터 위치 확인

여기서 확인해야 할 것은 구매가 완료되었을 때 실제 사용자가 지불한 전체 금액의 위치이다. 위치를 파악했다면, 개발자 도구(크롬의 경우 F12를 누른다)에 접속하여 해당 금액을 표현하는 스크립트를 확인한다.

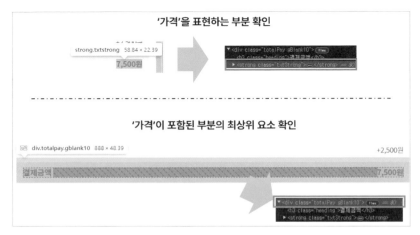

▲ 가격을 표현하는 태그의 최상위 요소 확인

해당 금액이 포함된 최상단 범위를 찾아 요소(Element) 복사를 진행한 뒤, 이를 ChatGPT에 활용하기 위해 미리 메모장에 복사해 둔다.

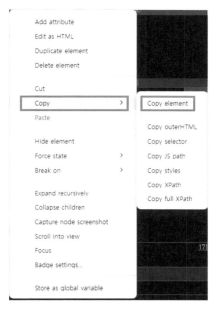

▲ 최상위 요소에 대해 '요소 복사' 진행

그리고 ChatGPT에 아래와 같이 프롬프트를 작성하여 물어보자.

질문 내용 :

너는 지금부터 GA4, GTM 실무 전문가야.

GTM을 활용하여 구글애즈 전환 태그에 사용할 맞춤 매개변수를 만들려고 해.

아래 예시 코드에서 '7500원' 부분이 숫자 형태의 변수로 출력되는 자바스크립트를 만들어 줘.

###예시 코드###

```
<div class="totalPay gBlank10">
                <h3 class="heading">결제금액</h3>
                <strong class="txtStrong">
```

                    7,500원   <span class="refer
displaynone">()</span>
                        </strong>
                    </div>

function과 return 함수를 포함한 코드를 만들어 줘

.....

그러면 아래와 같이 ChatGPT가 맞춤 자바스크립트를 생성해 준다. 여기서 return 함수 끝부분까지 복사해서 GTM으로 이동하자.

```javascript
function getTotalPay() {
    // 결제금액이 포함된 요소를 찾습니다.
    var totalPayElement = document.querySelector('.totalPay .txtStrong');

    // 요소의 텍스트 내용을 가져옵니다.
    var totalPayText = totalPayElement.textContent;

    // 텍스트에서 숫자 부분만 추출합니다.
    var totalPayNumber = totalPayText.match(/\d+/g).join('');

    // 숫자 형태로 변환하여 반환합니다.
    return parseInt(totalPayNumber, 10);
}

// getTotalPay 함수를 호출하여 결과를 콘솔에 출력합니다.
console.log(getTotalPay());
```

▲ ChatGPT 생성함수 확인

GTM에서 변수 탭으로 이동하자. 사용자 정의 변수에서 '새로 만들기' 버튼을 클릭하고, 변수 유형을 '자바스크립트 변수' 유형으로 설정한다. 그리고 ChatGPT에서 복사한 함수를 붙여넣는다.

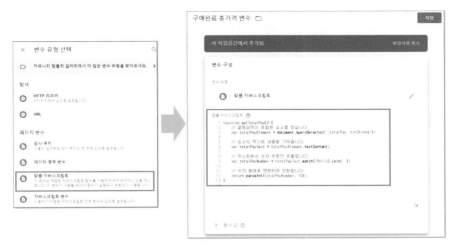

▲ GTM을 통한 가격 정보 변수화

변수를 생성한 후, 미리보기를 통해 구매 완료 페이지로 이동해 보자. 그러면 미리
보기 모니터링 화면에서 가격 데이터가 기록되는 것을 확인할 수 있다.

▲ GTM 미리보기를 통해 변수화된 데이터 확인

변수가 이상 없이 작동하는 것을 확인했다면, 해당 태그에 변수를 연결하는 과정이 남았다. 앞서 생성한 구글애즈의 구매 완료 전환 태그로 이동하자. 전환 태그로 이동하여 전환 가치 옆에 '변수' 버튼을 클릭한다. 그리고 방금 생성한 구매완료 가격 변수 이름을 선택한다.

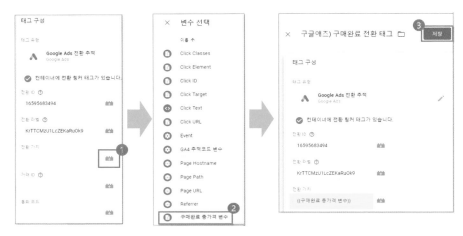

▲ 전환 태그와 가격 변수 연결

가격 변수와 연결된 태그를 저장하고 '게시' 버튼을 클릭하면 세팅은 완료된다. 세팅 이후 사이트에서 실제 전환이 발생하면, 구글애즈 전환 탭에서 전환 가치가 기록되는 것을 확인할 수 있다.

	구매 계정 기본 목표 캠페인 30개 중 30개					
☐	전환 액션	액션 최적화 ↓	전환 발생 위치	모든 전환	모든 전환 가치	상태
☐	ads_구매완료	기본	웹사이트	150.33	4,863,053.38	운영중
☐	ads_Npay 구매 클릭	기본	웹사이트	67.00	1,972,900.00	운영중

▲ 전환 가치 세팅 이후 기록되는 데이터 예시

GTM에서 생성한 변수는 필요에 따라 다른 태그에도 활용할 수 있다. 예를 들어, 구글애즈 태그에서 활용하기 위해 전환 가치 변수를 생성했지만, 이를 GA4 구매 완료 이벤트 태그에도 사용할 수 있다. 분석이나 디지털 광고 최적화에 필요한 변수들을 한 번 변수화해 두면, 추후 추가되는 태그들도 그대로 연계하여 활용할 수 있어 작업 시간을 크게 단축할 수 있다.

▲ 동일한 변수를 여러 개의 태그 데이터로 활용하는 경우 예시

GA4와 연동하여 나만의 리마케팅 세팅

GA4는 사용자의 웹사이트와 앱에서의 행동 데이터를 수집하고 분석하여, 사용자의 행동 패턴을 깊이 있게 이해할 수 있게 도와준다. 구글애즈를 활용하면 이러한 GA4의 데이터를 이용해 맞춤 타겟에게 광고를 노출시킬 수 있다. 즉, GA4와 구글애즈를 연동하여 사용자가 웹사이트에서 어떤 행동을 했는지에 대한 정보를 기반으로 더 정교한 리마케팅 전략을 구현할 수 있다.

GA4의 데이터를 기반으로 리마케팅을 구현하려면 먼저 GA4의 속성 단계에서 구글애즈 계정과의 연결이 필요하다. 그런 다음, GA4에 수집된 데이터를 기반으로 잠재고객을 생성한다. 그러면 연동된 구글애즈에서는 GA4에서 생성한 잠재고객의 이름이 타겟팅 항목에 리스트업된다. 타겟팅 설정 시 이렇게 리스트업된 목록 중 필요한 타겟팅 그룹을 선택하면 된다.

이번 섹션에서는 GA4와 구글애즈를 어떻게 연동하는지, GA4에서 잠재고객을 어떻게 생성하는지, 마지막으로 구글애즈에서 GA4에서 생성한 잠재고객을 어떻게 타겟팅으로 활용할 수 있는지 살펴보겠다.

GA4와 구글애즈 연결

우선 두 플랫폼 간 연동을 위해서는 GA4와 구글애즈에 모두 관리자 권한이 있어야 한다. 한쪽에라도 관리자 권한이 없으면 연동할 수 없으므로, 권한을 부여받거나 권한이 있는 부서에 요청해야 한다. 권한이 모두 있다고 가정하고 설명을 이어가겠다. GA4의 관리 메뉴에 접속한 후, '제품 링크' 메뉴 하위에 있는 'Google Ads 링크' 버튼을 클릭한다. 보여지는 링크 메뉴에서 '연결' 버튼을 클릭한다.

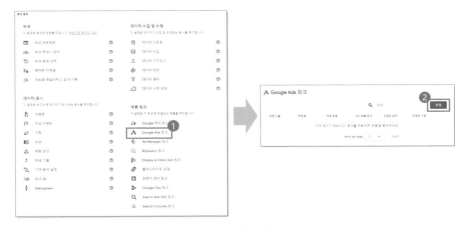

▲ GA4와 구글애즈 연동 1

그러면 아래 이미지와 같이 구글애즈 연동을 위한 설정창이 나타난다. 첫 단계는 관리자 권한이 있는 구글애즈 계정 중 어떤 것을 연동할지를 선택하는 것이다. 연동하고자 하는 계정을 선택하고 '확인' 버튼을 클릭한다.

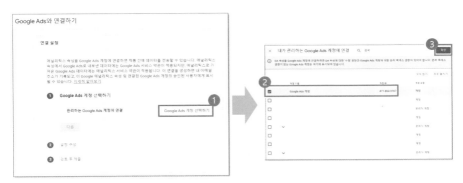

▲ GA4와 구글애즈 연동 2

이후 단계는 간단하다. 설정 구성과 검토 단계를 거친 후, 연동 시 부여할 권한을 확인하고 단계를 진행한다.

▲ GA4와 구글애즈 연동 3

단계를 모두 마치면 아래와 같이 연결이 생성되었다는 메시지가 나타난다. 이 메시지가 보이면 연동이 완료된 것이다. 완료 후, GA4 관리 메뉴에서 Google Ads 링크로 다시 접속하면 연동된 구글애즈 정보를 확인할 수 있다.

▲ GA4와 구글애즈 연동 4

구글애즈에서도 연결된 GA4를 확인할 수 있다. 구글애즈에 접속한 후 왼쪽 사이드바의 도구 메뉴를 클릭한다. '데이터 관리자' 항목에 들어가면 연결된 GA4가 하나 있는 것을 발견할 수 있다. 여기서 GA4 메뉴 옆에 있는 '관리 및 연결' 버튼을 클릭하면 구글애즈와 연결된 GA4를 확인할 수 있다.

▲ GA4와 구글애즈 연동 5

GA4에서 잠재고객 생성하기

구글애즈와 GA4 연동이 완료되었다면, 이제 GA4에서 잠재고객을 생성할 차례이다. GA4에 접속하여 관리 메뉴에서 '데이터 표시' 메뉴 하위에 있는 '구축' 버튼을 클릭한다. 그러면 해당 GA4 계정에 생성되어 있는 잠재고객 리스트가 보인다. 여기서 오른쪽 상단에 '새 잠재고객' 버튼을 클릭한다.

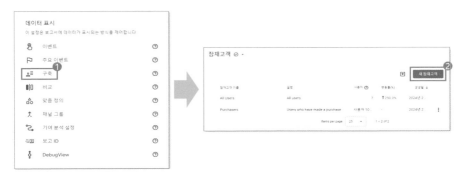

▲ GA4 잠재고객 생성 1

그러면 익숙한 '세그먼트 중복 분석' 화면이 나타난다. GA4에서 잠재고객을 생성하는 방법은 세그먼트 생성 방법과 거의 동일하다. 약간의 차이가 있다면, 세그먼트는 사용자, 세션, 이벤트를 구분하여 그룹을 생성할 수 있지만, 잠재고객은 사용자만을 기반으로 생성된다는 점이다. 자세한 생성 방법은 앞 챕터의 세그먼트 중복 분석 섹션을 참고하도록 하자.

▲ GA4 잠재고객 생성 2

필자는 실습을 위해 임의로 아래와 같이 두 개의 잠재고객을 생성하였다. 각자 실습을 위한 잠재고객 목록을 임의로 생성한 후 구글애즈로 넘어가자.

▲ GA4 잠재고객 생성 3

GA4 잠재고객을 구글애즈에서 타겟팅으로 활용하기

GA4에서 생성한 잠재고객 목록이 구글애즈에 잘 들어오는지 확인해야 한다. 구글 애즈에 접속하여 '도구' 〉 '공유 라이브러리' 〉 '잠재고객 관리자'를 클릭해 접속한다. 정상적으로 연동되었다면 GA4에서 자동으로 생성된 잠재고객과 방금 생성한 잠재고객 목록이 보일 것이다.

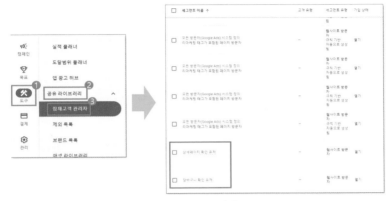

▲ GA4 잠재고객 활용 1

타겟팅을 활용하기 위해 임의로 캠페인을 세팅해 보자. 구글애즈 메인 화면에 있는 '새 캠페인' 버튼을 클릭한다. 비즈니스 정보 제공 항목이 나오지만, 굳이 입력하지 않 아도 무방하다. 자유롭게 입력하고 '다음' 버튼을 클릭한다.

▲ GA4 잠재고객 활용 2

캠페인의 목표와 유형을 선택하는 창이 나타난다. 지금 실습은 GA4에서 생성한 타겟팅 활용을 위한 것이므로 어떤 것을 선택해도 괜찮다. 필자는 '목표 설정 없이 캠페인 만들기'를 목표로 선택하고 이어서 '디스플레이' 캠페인을 선택했다.

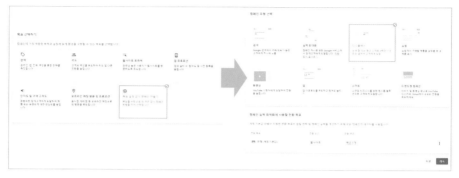

▲ GA4 잠재고객 활용 3

이어서 전환은 어떤 것으로 선택할 것인지, 비즈니스 웹사이트는 어떤 것인지, 캠페인 이름은 무엇으로 할 것인지를 물어본다. 전환의 경우 앞서 설명한 전환 태그 세팅 방법을 참고하여 진행하자. 비즈니스 웹페이지와 캠페인 이름은 자유롭게 입력하고 '계속' 버튼을 클릭한다.

▲ GA4 잠재고객 활용 4

이제 본격적으로 캠페인 세팅에 필요한 정보를 입력하는 단계로 넘어간다. 기본적인 캠페인 및 예산 설정은 각자의 상황에 맞춰 세팅하고, '타겟팅' 단계를 함께 진행해 보자. 왼쪽 메뉴에서 타겟팅 단계까지 왔다면 화면 중간에 '타겟팅 추가' 버튼을 클릭한다.

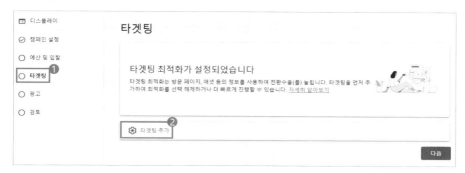

▲ GA4 잠재고객 활용 5

잠재고객, 인구통계, 키워드 등 구글애즈에서 설정 가능한 다양한 타겟팅 그룹이 나타난다. 여기서 가장 먼저 위치한 '잠재고객 세그먼트'를 타겟팅 그룹으로 선택하고 '다음' 버튼을 클릭한다.

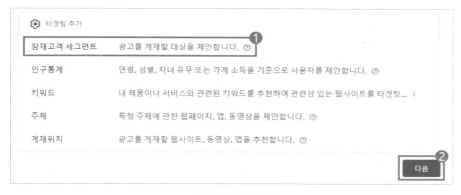

▲ GA4 잠재고객 활용 6

잠재고객 세그먼트 하위 메뉴로는 관심사, 구매의도 등 다양한 타겟팅 목록이 보인다. 선택지들 중 '비즈니스와 상호작용한 방식' 버튼을 클릭한다. 이 그룹에서는 리마케팅 목록이 정렬되어 있다. 여기서 GA4에서 생성한 잠재고객 이름을 찾아 체크박스를 선택한다. 선택한 잠재고객명이 화면 오른쪽에 리스트업되는 것을 확인할 수 있다.

▲ GA4 잠재고객 활용 7

이렇게 타겟팅을 설정함으로써 GA4 잠재고객 사용자를 대상으로 광고를 송출하는 캠페인을 생성할 수 있다. GA4에서 생성한 잠재고객을 구글애즈에서 활용함으로써 마케터는 데이터 분석부터 유효 고객 타겟팅까지 연계할 수 있다. 이러한 원리는 GA4와 구글애즈뿐만 아니라 다양한 툴에서도 유사하게 적용할 수 있다. 이번 섹션을 통해 전체적인 원리를 이해하면, 각자의 상황에 맞춰 업무에 응용할 수 있을 것이다.

| 마치며

　디지털 마케팅은 단순한 광고와 분석을 넘어, 소비자와의 소통, 데이터 기반 의사 결정, 그리고 창의적인 전략 수립을 요구하는 복합적인 분야이다. 이 책 한권으로 디지털 마케팅 관련한 모든 지식을 배우기는 어렵다. 하지만 이 책의 내용이 독자분들의 마케팅 활동에 효율성을 개선하는데 거름이 될 수 있다면 더할 나위 없이 좋을 것이다.

　디지털 마케팅의 세계는 빠르게 변화하고 있다. 이러한 환경에서는 유연하게 대응하고 지속적으로 학습하는 자세가 중요하다. 이 책에서 다룬 GA4와 GTM, ChatGPT, 구글애즈는 가장 주목받고 있는 마케팅 도구들이다. 여러분이 이 책에서 배운 기초를 바탕으로 새로운 기술을 배우고 적용해 나간다면, 디지털 마케팅 전문가로서 성장하는데 도움이 될 것이다.

　이 책을 통해 여러분이 디지털 마케팅의 기본을 탄탄히 다지고, 실무에서 자신감을 가지고 도전할 수 있기를 희망한다. 시작은 언제나 어렵지만, 꾸준한 노력과 학습을 통해 여러분은 분명히 성공을 이룰 수 있으리라 믿는다. 이 책을 읽은 분과 그 주변 모든 사람들의 앞날에 많은 성취와 행복이 함께하기를 진심으로 기원한다.

찾아보기

ㄱ

개요 보고서	54
검색 광고	246
게재위치 타겟팅	260
경로 탐색 분석	85
계정	33
관심사 및 습관정보	254
광고	242
광고 그룹	242
기기 타겟팅	263
기술	81

ㄴ

내 맞춤 잠재고객 세그먼트	258
내 합성 잠재고객 세그먼트	257

ㄷ

데모 계정	49
데이터레이어	220
데이터 스트림	34
동영상 광고	248
동질 집단 탐색 분석	85
디멘드 젠 캠페인	250
디버그 뷰	181
디스플레이 광고	247

ㄹ

레퍼러	68
리드	244
리마케팅	286

ㅁ

맞춤 HTML	226
맞춤 이벤트	48
목표 설정	243
목표 없이 캠페인 만들기	245

ㅂ

방문 페이지	74
배열	212
변수	147
비즈니스와 상호작용한 방식	256

ㅅ

사용자 탐색 분석	85
사용자 획득	66
사용자 속성	80
세그먼트	40
세그먼트 중복 분석	85
세부정보 보고서	55
세션	41
속성	34
쇼핑 광고	248
수익 창출	75
스마트 캠페인	250
시장조사 또는 구매 계획 정보	256
실시간 보고서	56

ㅇ

앱 캠페인	249
앱 프로모션	244
언어 타겟팅	262

오프라인 매장 방문 및 프로모션　245
웹사이트 트래픽　244
위치 타겟팅　262
유입경로 탐색 분석　85
사용자 기반 타겟팅　253
이벤트　43
이벤트 매개변수　168
인구통계 타겟팅　254
인지도 및 구매 고려도　244

ㅈ

자동 수집 이벤트　45
자유 형식 탐색 분석　86
전자상거래 구매　76
전환 가치　279
주요 이벤트　48
주제　54
주제 타겟팅　261

ㅊ

참여　42
참여도　70
참여시간　42
창 로드　170
추천 이벤트　47
측정기준　55
측정항목　40

ㅋ

캠페인　241

컨테이너　145
컬렉션　54
콘텐츠 그룹　73
콘텐츠 기반 타겟팅　259
키워드 타겟팅　260

ㅌ

탐색 보고서　83
태그　146
트래픽 획득　66
트리거　146

ㅍ

판매　243
퍼포먼스 맥스 캠페인　251
페이지 경로　72
페이지 제목　72
페이지 뷰　169
프롬프트 엔지니어링　193
필터　41

ㅎ

향상된 측정 이벤트　46
화면 클래스, 화면 이름　73

영문

DOM 사용 가능　170
Omnibug　137
Tag assistant companion　135

참고 문헌 / 참고 사이트

Intro

- **맥킨지 칼럼 출처**
  https://www.mckinsey.com/capabilities/growth-marketing-and-sales/our-insights/ five-facts-how-customer-analytics-boosts-corporate-performance

Chapter 01 Google Analytics 4

- **구글 애널리틱스4 무료 버전 vs 유료 버전 차이**
  https://support.google.com/analytics/answer/11202874

- **w3techs**
  https://w3techs.com/technologies/overview/traffic_analysis

- **GA4 이벤트 데이터 추적 방식**
  https://blog.markezing.com/key-differences-about-universal-analytics-and-google-analytics-4

- **GA4 추천이벤트 내 온라인 판매 카테고리**
  https://support.google.com/analytics/answer/9267735

- **구글 애널리틱스 데모 계정 접속**
  https://support.google.com/analytics/answer/6367342

- **구글 머천다이즈 스토어**
  https://shop.merch.google

- **이벤트별 가이드**
  https://developers.google.com/analytics/devguides/collection/ga4/reference/events?hl=en&client_type=gtag

- **구글 애널리틱스 개발자 가이드**
  https://developers.google.com/analytics/devguides/collection/ga4/reference/events?hl=en&client_type=gtag#view_promotion

- **구글 애널리틱스 고객센터 공식 가이드**
  https://support.google.com/analytics/answer/9846734

- **구글 마케팅 플랫폼**
  https://marketingplatform.google.com/intl/ko/about/analytics

- **HTML의 구조**

  https://www.codewithharry.com/tutorial/html-page-structure/

- **구글 태그 매니저**

  https://tagmanager.google.com

- **테스트 페이지 구매완료**

  https://vincenttest.cafe24.com/order/order_result.html?order_id=20240513.0000011

- **Principled Instructions Are All You Need for Questioning LLaMA.1/2, GPT.3.5/4**

  https://arxiv.org/abs/2312.16171

- **구글애즈의 구조**

  creativewebsitemarketing.com

- **국가별 매장 방문 측정 사용 가능 여부**

  https://support.google.com/google-ads/answer/6100636?hl=ko

- **구글애즈 사이트**

  https://ads.google.com

AI를 활용한 퍼포먼스 마케팅

구글 애널리틱스 4를 활용한 디지털 마케팅

with

챗GPT

1판 1쇄 인쇄 2024년 7월 25일
1판 1쇄 발행 2024년 7월 30일

———

지 은 이 이태열
발 행 인 이미옥
발 행 처 디지털북스
정   가 25,000원
등 록 일 1999년 9월 3일
등록번호 220-90-18139
주   소 (04997) 서울 광진구 능동로 281-1 5층 (군자동 1-4, 고려빌딩)
전화번호 (02) 447-3157~8
팩스번호 (02) 447-3159

———

ISBN 978-89-6088-463-2 (03320)
D-24-13